Genießen in

Istrien

Von Tisch zu Tisch
zwischen Küste und Hinterland

Mit über 300 kulinarischen Highlights

Extra: 10 Rezepte von Josef Trippolt

Styria
VERLAG

Silvia Trippolt-Maderbacher

Kroatisches Istrien

KULINARISCHE BESONDERHEITEN UND TIPPS

Istrien auf einen Blick

Einen schnellen Überblick über die Orte der Halbinsel finden Sie in der vorderen Umschlagklappe.

Inhalt

ISTRISCHE REZEPTE VON JOSEF TRIPPOLT

Kulinarisches Glossar

Čripnja? Fuži? Ein kroatisch-slowenisches Glossar zum Ausklappen versteckt sich in der hinteren Umschlagklappe.

Hrast, Poreč, S. 93

Navis, Opatija, S. 77

Olivenblüte

Weinbar Ipša, Oprtalj, S. 85

Grenzenloser Genuss

Es ist dieses einzigartige istrische Lebensgefühl, das mich seit vielen Jahren fasziniert. Die Kultur des Miteinander. Die Zugehörigkeit der Menschen zu ihrer Region. Das Bekenntnis zu ihren Wurzeln und ihrer kulinarischen Tradition, eigenständig und ohne Grenzen im Kopf. Denn die größte Halbinsel der Adria teilen sich drei Länder: Italien, Slowenien und Kroatien. Istrien liegt zwischen dem Golf von Triest und der Kvarner-Bucht vor Rijeka, ist maximal 80 Kilometer lang und 60 Kilometer breit.

Nirgendwo begegnen einander Gastfreundschaft und Genuss inniger als auf der bezaubernden Halbinsel. Die besten Grundprodukte wie Trüffeln, Olivenöl, Wein, Austern, Schinken, Salz, Fisch und Meeresfrüchte haben sich bei Feinschmeckern längst herumgesprochen. Istrien gilt als eine der spannendsten Gourmet-Destinationen Europas. Jahr für Jahr koste ich mich mit meiner Familie begeistert durch diesen nahen Süden.

Das Ergebnis sind über 300 kulinarische Adressen in Buchform: Lieblingslokale, Geheimtipps, Klassiker und Newcomer. Das eine Mal sitzen wir in einer einfachen Fischerhütte am Meer, das nächste Mal in einer gemütlichen Konoba im grünen Hinterland, dann wieder in einem vielprämierten Gourmettempel von internationalem Rang. Außerdem besuchen wir die besten Produzenten der Region: Olivenölbauern und Winzer, Trüffelsucher und Edelbrenner, Schinken- und Käseerzeuger, Fisch- und Muschelzüchter.

Platz nehmen
und sich wohlfühlen!
Die Halbinsel Istrien
steckt voller kulinarischer
Überraschungen.

So arbeite ich

In meinem Genussreiseführer geht es mir nicht um oberflächliche Bewertungen, sondern um authentische Erlebnisse beim Essen und Trinken. Die Auswahl der Lokale und Produzenten beruht einzig auf meinem persönlichen Geschmack. Niemand bezahlt für einen Eintrag. Auf den kulinarischen Reisen kündige ich mich nicht als Autorin an, sondern ich besuche die Betriebe privat – mit meinem Mann Josef Trippolt sowie meinen Söhnen Julius Josef und Theodor Johann. Ich möchte Ihnen mit meinen Geschichten das Gefühl geben, mit uns an einem Tisch zu sitzen. Da ich im Kärntner Bad St. Leonhard nicht nur als Autorin arbeite, sondern auch Gastronomin bin, kenne ich die Sorgen und Arbeitsweisen meiner istrischen Kolleginnen und Kollegen genau. Es ist immer wieder schön, mit ihnen bei unseren Besuchen ins Gespräch zu kommen.

Nono, Umag, S. 130

So sind wir in Istrien unterwegs

Die kulinarische Reise beginnt in Kroatien (siehe Seite 10). Eine Freude ist es, hier das bezaubernde Hinterland zu entdecken. Weiter geht es die Küste entlang von Umag, Novigrad, Poreč und Rovinj in den Süden nach Pula. Unsere Abstecher führen überall ins Grüne und in die Trüffelregion hinein. Im Osten besuchen wir Labin und Rabac, überqueren das Učka-Gebirge und entdecken die Kvarner-Bucht rund um Opatija. Geografisch gehört die Riviera von Opatija zur Halbinsel Istriens, verwaltungstechnisch zur Gespanschaft der Kvarner-Bucht. Weiter geht es nach Slowenien (siehe Seite 150). Von Ankaran und Koper führt unsere Reise über die Riviera von Izola nach Piran und Portorož.
Ich habe mich für dieses Buch bewusst ganz auf den slowenischen und den kroatischen Teil Istriens konzentriert. Wer den kleinsten, den italienischen Teil der Halbinsel erkunden möchte, ist mit meinem Buch „Genießen in Friaul-Julisch Venetien“ bestens versorgt.

Die Tipps und Adressen zu Lokalen und Produzenten sind den Orten und Städten, in denen sie sich befinden, zugeordnet. Für eine rasche Auffindbarkeit sind sie alphabetisch sortiert – ebenso wie die Kurztipps. Sie finden den Ortsnamen jeweils links unten auf der Seite. Kleine Dörfer sind zur leichteren Orientierung dem jeweiligen Gemeindegebiet zugeordnet.
Ich kenne viele Restaurants, jedoch längst nicht alle. Sollten Sie Ihre Lieblingsadresse vermissen, freue ich mich über eine Information.

Liebe Leserinnen und Leser, gehen Sie mit mir auf eine kulinarische Entdeckungsreise durch Istrien. Packen Sie viel Neugierde ein. Vorfreude. Abenteuerlust. Und vor allem Hunger. Das Wichtigste: Richten Sie überall liebe Grüße von mir aus!

Ihre Silvia Trippolt-Maderbacher

Silvia und Josef Trippolt mit Sonja Glavić in der Casa di Matiki, S. 144

Trippolt Zum Bären

UNSER KULINARISCHES ZUHAUSE

A Hauptplatz 7
9462 Bad St. Leonhard
T (+43 4350) 22 57
W www.zumbaeren.at
W www.baermut.at

Sollten Sie einmal in Kärnten sein, freue ich mich auf einen Besuch in unserem Restaurant.

Villa Ariston, Opatija, S. 83

Tipps für den Besuch

Seit der Corona-Zeit wissen wir, dass die Gastronomie nicht selbstverständlich ist, auch nicht im nahen Süden. Hier ein paar Tipps für Ihren Besuch:

Öffnungszeiten.
Die Öffnungszeiten ändern sich ständig. Vor allem in Zeiten wie diesen gibt es keine Planungssicherheit für Betriebe. Viele Produzenten haben gar keine fixen Öffnungszeiten. Daher habe ich bewusst auf deren Angabe verzichtet. Ein kurzer Anruf vorab oder ein Blick auf die Social-Media-Auftritte der Lokale verschaffen Ihnen unterwegs rasch Gewissheit.

Bitte reservieren.
Sonntagmittag einfach vor der Tür eines Restaurants stehen? Schwierig. Rufen Sie vorher an und reservieren Sie Ihren Tisch. Keine Angst, dass jemand Ihre Sprache nicht versteht. Irgendwer im Betrieb kann Deutsch, Englisch oder Italienisch. Dasselbe gilt für Winzer und Olivenölbauern: Kündigen Sie Ihren Besuch unbedingt vorher an.

Preisangaben.
Viele Leserinnen und Leser wünschen sich von mir Preisangaben. Ich mache keine. Das hat seinen Grund: Es kommt natürlich immer darauf an, was Sie konsumieren. Echte weiße Trüffel oder Bohneneintopf? Rindsfilet oder Gulasch? Hummer oder Pasta? Degustationsmenüs zeigen sich auf jeder Speisekarte als Preis-Leistungs-Sieger.

Zweite Reihe.
In Istrien ist es wie fast überall. Kulinarische Höhepunkte finden sich eher in zweiter oder dritter Reihe. Es lohnt sich, eine Straße weiterzugehen oder ein Dorf weiterzufahren.

Onlineportale.
Viele Urlauber lassen sich von Bewertungsportalen aus dem Internet bei der Wahl ihrer Lokale beeinflussen. Bedenklich. Trauen Sie lieber Profis.

Eigentlich gibt es tausend Gründe, Istrien kulinarisch zu entdecken. Hier die wichtigsten:

1. Liebenswerte Gastfreundschaft. Überall in Istrien begegnen uns authentische Gastgeber, die stolz sind auf ihr Tun. Sie öffnen nicht nur ihr Lokal für ihre Gäste, sondern auch ihr Heim und ihr Herz.

2. Perfekte Grundprodukte. Trüffel, Olivenöl, Wein, Schinken, Salz, Fisch und Meeresfrüchte: Die besten Grundprodukte der Region begeistern. Sie bilden die Basis und die kulinarischen Eckpfeiler eines neuen Qualitätsdenkens.

3. Spannende Küchenstile. Im Mittelpunkt der heimischen Geschmäcker stehen das blaue und das grüne Istrien – die leichte, mediterrane Küche der Küste sowie die gehaltvolle Küche des Hinterlands. Die Gerichte gründen sich auf slawische, römische, venezianische, österreichisch-ungarische und jugoslawische Küchentraditionen.

4. Kulinarischer Kontrast. Ganz Istrien befindet sich in einer Aufwärtsspirale. Die Dichte an guten Restaurants und Produzenten nimmt ständig zu. Ob familiäre Konoba oder prämierte Gourmetküche: Man findet Traditionsbewusstsein auf der einen, Experimentierfreude und moderne Kochkunst auf der anderen Seite.

5. Neue Produzenten. Kleine Manufakturen, kreative Start-ups und engagierte Quereinsteiger sorgen für unzählige neue Ideen und bringen viel Innovationsgeist und Aufschwung: Ob Craftbeer, Chilisaucen, Ziegenkäse, Gin, Tonic Water – handwerklich produzierte Lebensmittel schaffen ein neues Bewusstsein.

Zu Gast im nahen Süden

Istrische Lebensfreude und Gastfreundschaft: Bitte zu Tisch!

Puntulina, Rovinj, S. 112

6. Agroturizam. Hinter diesem sperrigen Wort verbirgt sich etwas Gutes. In diesen landwirtschaftlichen Familienbetrieben kommt immer Selbstgemachtes auf den Tisch, oft in der hauseigenen Konoba. Obst und Gemüse wachsen im Garten, Olivenöl, Wein, Schinken, Speck und Käse werden selbst produziert oder gesammelt (Trüffel, Wildspargel, Pilze).

7. Land und Leute. Es gibt keinen schöneren Weg, Land und Leute kennenzulernen, als über die Esskultur einer Region.

Kroatisches Istrien

Schöne Aussichten! Istrien als Sinfonie in Blau und Grün, mit einer einzigartigen historischen, kulturellen und kulinarischen Vielfalt

10–149

Kroatisches Istrien

1

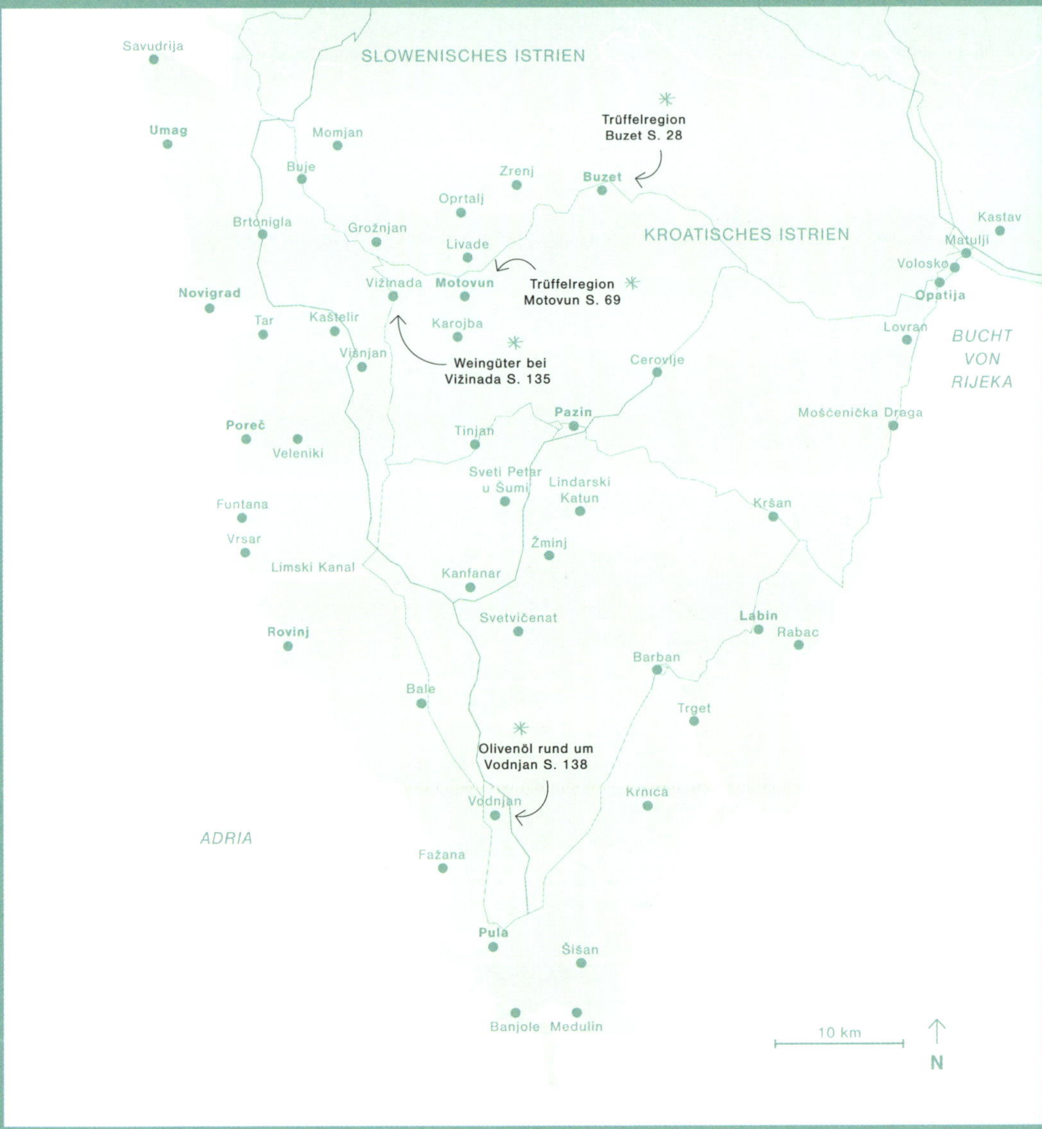

Traumhafte Küste, verzaubertes Hinterland

Blick auf Buzet

Kulinarisch gesehen zeigt sich Istrien als eine Halbinsel der Seligen: mit außergewöhnlichen Produkten und ganz besonderen Geschmäckern.

Das kroatische Istrien ist eine beliebte Sehnsuchts- und Genussregion mit Hunderten Kilometern Traumküste und kristallklarem Wasser, mit venezianisch geprägten Hafenstädtchen, mittelalterlichen Dörfern, silbergrün schimmernden Olivenhainen, Trüffelwäldern, Weingärten und einer unglaublich vielseitigen Küche.

Der größte Teil der Halbinsel Istrien gehört zu Kroatien und grenzt im Norden an Slowenien. Ihr Name geht auf die „Histrier" in der Antike zurück. Politisch teilt sich die Region in die Gespanschaft Istrien im Norden, Süden und Westen sowie in die Gespanschaft Primorje-Gorski kotar im Osten rund um die Stadt Opatija. Geografisch liegt dieser Bereich jedoch auf der Halbinsel Istrien und findet sich daher auf den folgenden Seiten.

Bild vorige Seite: Eines der schönsten Küstenstädtchen Kroatiens: Rovinj

Stimmungsvoller Gastgarten im versteckten Innenhof: La Grisa

La Grisa

GENUSSREFUGIUM MIT CHARME

A La Grisa 23
52211 Bale
T (+385 52) 82 45 01
W www.la-grisa.com

Schließen Sie Ihre Augen. Konzentration. Denn ich schicke Ihnen jetzt ein Bild. Ein Bild, wie ich strahle und von einem Bein auf das andere hüpfe, mit rosigen Wangen und einem breiten Grinsen im Gesicht. So sehe ich aus, wenn ich das Zwei-Hauben-Restaurant La Grisa in Bale nach einem fulminanten Essen wieder verlasse. 13 Kilometer südöstlich von Rovinj nehmen die Gäste im romantischen Innenhof, auf der eleganten Steinterrasse oder im stilvollen Restaurant Platz. Das Genussrefugium: ein charmantes Boutiquehotel, das aus elf historischen Steinhäusern entstanden ist.

Küchenchef Nikola Vuković zelebriert eine gehobene Regionalküche mit authentischen istrischen Grundprodukten und setzt jedes Gericht mit frischen Ideen und einem modernen Twist um. Klassiker der mediterranen Küche (Muscheln Buzara, marinierter Oktopus, gegrillter Tintenfisch) finden ebenso ihren Platz auf der Speisekarte wie traditionelle Rezepte aus dem Hinterland (geschmorte Lammstelze, gefüllte Teigtaschen). Vorzüglich munden die farbenfrohen Gnocchi von Roten Rüben mit cremigem Ricotta und feinwürzigem Wildkräuterpesto sowie die herbstliche Samtsuppe vom Muskatkürbis mit Ziegenhartkäse und knusprigem Lardo. Das saftige Filet vom Schattenfisch mit gebratenen Kapern bleibt noch lange in Erinnerung, genau wie der zarte Bitterschokoladekuchen mit Haselnusseis, Feigen, Salzkaramell und gerösteten Nüssen als Abschluss.
Eine wahre Freude ist es auch, die Weinkarte von Sommelier Marco Divić zu lesen: eine exzellente Auswahl an istrischen Spitzentropfen und eher unbekannten Winzern. Davon müssen Sie sich aber selbst ein Bild machen.

*Olivenöl

Grubić

OLIVENÖLMÜHLE

A A. Negri 7
52211 Bale
T (+385 98) 85 46 23
W www.grubic.hr

Ein besonders exzellentes Olivenöl! „Buža“ von Familie Grubić. Ein paar Flaschen finden im Kofferraum immer Platz. Das intensiv fruchtige Öl duftet nach frisch gemähtem Gras, grünen Tomaten, gelben Äpfeln, Mandeln sowie schwarzem Pfeffer und überzeugt mit seiner moderaten Bitterkeit und Schärfe. Den Familienbetrieb mit der topmodernen Mühle, dem Museum und dem kleinen Laden findet man im Osten von Bale neben der Hauptstraße.

Kamene priče

JAZZ-CLUB & TAVERNE

A Kastel 57
52211 Bale
T (+385 52) 82 42 35
W www.kameneprice.com

Originelle Adresse in der Altstadt mit einem unkomplizierten Bar-Konoba-Konzept. Vorbeigehen? Aber wo! Das ist hier nicht möglich. Jeder Bale-Besucher stolpert wie von selbst in dieses schrullige Lokal. Jazz wird hier großgeschrieben – im Sommer finden Live-Konzerte statt. Mediterrane Küche, Apartments.

*Wein

Stancija Meneghetti

LUXUS-LANDGUT

A Stancija Meneghetti 1
52211 Bale
T (+385 52) 52 88 00
W www.meneghetti.hr

Ein romantisches Hideaway für Genießer, acht Kilometer südwestlich von Bale. Zwischen Weingärten und Olivenhain versteckt, präsentiert sich das bezaubernde Landgut als kulinarisches Gesamterlebnis (drei Hauben) und punktet mit dem ausgezeichneten Gourmetrestaurant sowie den eigenen Top-Weinen und Olivenöl. Casual Lunch ist im zweiten Lokal, dem „Oliveto“ angesagt, einer Art Sommerküche, auch für Nicht-Hotelgäste. Eigener Beachclub „Boho“ bei Barbariga.

Olivenöl Grubić

Kamene priče

Stancija Meneghetti

Vorichi

PST, GEHEIMTIPP!

A Orihi BB
52207 Barban
T (+385 99) 29 94 300
W www.vorichi.com

Eieiei. Stau in Richtung Süden. Wissen Sie, wer daran schuld ist? Ich. Das behauptet jedenfalls mein jüngster Sohn: „Weil du immer so viel Gutes über Istrien schreibst. Deshalb fahren alle dorthin." Zugegeben, ich bin ziemlich offenherzig mit Geheimtipps. Ich verrate sie nämlich nur allzu gerne. Und zwar, damit es diese wunderbaren Adressen noch länger gibt: wie zum Beispiel die Konoba Vorichi. Dieses moderne Wohlfühllokal steht in keinem Guide. Das wird sich aber bestimmt schnell ändern, denn die Küche in ihrer außergewöhnlich bodenständig-kreativen Art ist zu gut, das Ambiente zu liebevoll gestaltet, die Weine sind zu erlesen und die Gastgeberinnen zu sympathisch, um unentdeckt zu bleiben. Sie merken es beim Lesen: Das „Vorichi" von Tamara Lubić ist eine unserer absoluten Lieblingsadressen in Istrien. Zu finden ist es abseits jeglicher Menschenmassen, im kleinen Dorf Orihi, das zum Gemeindegebiet von Barban gehört: 30 Kilometer östlich von Rovinj, 24 Kilometer westlich von Labin. Man sitzt an schönen Holztischen gemütlich in der Abendsonne, das ganze Lokal öffnet sich ins Grüne in Richtung Weingarten.

Aus der Küche grüßt der grandiose Chefkoch Matko Kovačević in Form von Mini-Pizzetti im italienischen Stil. Danach kommt selbstgebackenes Brot auf den Tisch – aus Mais, mit Körnern – sowie eine Focaccia mit Rosmarin und grobem Meersalz. Tamaras Schwester Ljiljana reicht uns dazu aufgeschlagene Butter. Die marinierten Sardinen auf Zupfsalat sind mit feinen Orangenfilets gespickt, die Fuži überzeugen mit herrlichem Biss und erfreuen uns auf schlanke Art – denn die Trüffelsauce kommt ohne Sahne aus. Dafür wird die Pasta mit hauchzart-gehobelten frischen Trüffeln bedeckt. Das Holz im Kamin glüht, heute gönnen wir uns ein perfektes Sirloin-Steak mit gegrilltem Gartengemüse. Als Nachtisch locken ein cremiges Himbeer-Meringue-Dessert mit weißer Schokolade sowie das beste Tiramisu Istriens. Das Rezept? Verraten wir nicht. Zumindest das bleibt ein großes Geheimnis.

Beschaulich: der Blick von der Konoba Vorichi ins Grüne

Villa Štefanija

Villa Štefanija

HERRLICHE AUSSICHT

A Puntera 8d
52207 Barban
T (+385 52) 56 70 75
W www.stefanija.com

Schöner essen in diesem märchenhaften Boutiquehotel und Restaurant südlich von Barban: Die Aussicht von der Poolterrasse ist schlichtweg genial. Vor uns breitet sich über das satte Grün der Vegetation das tiefe Blau der Raša-Bucht aus. Die Gastronomin Duška Pečečnik führt ihre Villa, die nach Großmutter Štefanija benannt wurde, auf sehr liebenswerte Weise. Auf die Tische kommt mediterranes Slow Food.

Gelebte Gastfreundschaft im Vorichi

*Olivenöl

San Rocco

ELEGANZ & LEIGHTIGKEIT

A Srednja ulica 2
52474 Brtonigla
T (+385 52) 72 50 00
W www.san-rocco.hr

Pupillen-Stillstand. Denn was wir da auf dem Teller sehen, überrascht uns so sehr, dass wir ein Gesicht machen, als wären wir von Will Smith geblitzdingst worden. Jedes Gericht im Hotel-Restaurant San Rocco erweist sich als spannendes Zusammenspiel unterschiedlicher Konsistenzen: von knusprig bis knackig, von weich bis cremig – das kann was.
Nur fünf Kilometer vom Meer entfernt, im mittelalterlichen Dorf Brtonigla, hat sich Familie Fernetich ganz dem Genuss verschrieben. Die vielprämierte Gourmetküche (derzeit drei Hauben) setzt auf istrische Spitzenprodukte und zelebriert eine außergewöhnliche Eleganz, Leichtigkeit und Verspieltheit auf dem Teller. Es macht Freude, den Cappuccino von Kartoffeln aus dem runden Designerglas zu löffeln, vor allem wenn das Topping aus frisch gehobelten weißen Trüffeln besteht. Das exzellent marinierte Carpaccio vom Kalb mit glaciertem Fenchel und feinem Wurzelgemüse ist eine Klasse für sich, ebenso wie die handwerklich perfektionierten Teigtaschen, gefüllt mit Fischfiletstückchen, Ricotta und Gartenkräutern. Auch hier kommt der Trüffelhobel großzügig zum Einsatz. Ein kulinarischer Höhepunkt: der Oktopus, kunstvoll arrangiert auf schwarzem Sepiarisotto. Besonders originell: die moderne Interpretation des Tiramisu. Es sieht aus wie eine überdimensionale Kaffeebohne und ist locker und leicht wie eine Wolke. Der Weinkeller ist mit über 300 verschiedenen Etiketten gut bestückt, das international prämierte Olivenöl produzieren die Gastgeber selbst. Von der ausgezeichneten Qualität können sich Gäste und Besucher in der hoteleigenen Oleothek überzeugen. Es schmeckt außerirdisch gut.

San Rocco – ein Genussrefugium der besonderen Art

Astarea

INSTITUTION
GUTES VOM ROST

A Ronkova 6
52474 Brtonigla
T (+385 52) 77 43 84
W www.konoba-astarea.com

Beliebte Konoba mit geschmackvoller traditioneller Küche. Alles, was in der Peka schmurgelt oder auf dem Rost der offenen Feuerstelle im Lokal landet, macht kulinarisch viel Freude: Fisch, Meeresgetier oder Fleisch. Lauschiger Gastgarten hinter dem Lokal.

*Olivenöl

Buršić

KLEINER LADEN MIT
VERKOSTUNG

A Nova Vas 102
52474 Brtonigla
T (+385 52) 77 41 02
W www.bursic.net

Familie Buršić produziert vorzügliche Olivenöle, die weit über die Grenzen Beachtung finden. Die Oliven gedeihen an den sonnenverwöhnten Hügeln oberhalb der Mirna. Netter kleiner Laden, in dem auch kommentierte Verkostungen stattfinden.

Buršić

*Wein

Cattunar

WINE RESIDENCE
SPITZENTROPFEN

A Nova Vas 3
52474 Brtonigla
T (+385 52) 72 04 96
W www.cattunar.hr

Spitzenweingut der Familie Cattunar mit 56 Hektar Rebfläche. Terroir ist das große Thema der Winzerfamilie. Die Malvasiatrauben gedeihen auf vier verschiedenen Bodenarten und werden getrennt vinifiziert. In der eleganten „Wine Residence“ mit zehn ruhigen, aparten Zimmern entspannen Gäste im hauseigenen Spa oder am Swimmingpool. Bezaubernd ist der Blick auf Weingärten und Olivenbäume.

Astarea

Cattunar

Morgan

LANDRESTAURANT
GEHOBENE REGIONALKÜCHE

A Bracanija 1
52474 Brtonigla
T (+385 52) 77 45 20
W www.konobamorgan.eu

Sympathischer Familienbetrieb, auf einer idyllischen Anhöhe bei Brtonigla gelegen. Seit Jahren eine verlässliche Adresse für verfeinerte, gehobene Regionalküche (aktuell drei Gault-Millau-Hauben). Das Wild stammt aus dem eigenen Jagdrevier. Terrasse mit wunderschönem Blick ins Grüne, auf Olivenbäume und Weinreben. Eleganter, freundlicher Service mit viel Weinwissen. Neu: die „Villa Morgan“ mit fünf bezaubernden Doppelzimmern.

Primizia Food & Wine

WIRTSHAUS & PIZZERIA
IM ZENTRUM

A Bunarska 2
52474 Brtonigla
T (+385 52) 77 47 04
W www.primizia.hr

Die legere Dependance der bekannten Hotelierfamilie Fernetich vom San Rocco. Bodenständigkeit auf hohem Niveau, das schätzen die Gäste im Herzen von Brtonigla. Sympathische Konoba mit grandioser Holzofenpizza und geschmacksvoller Wirtshausküche. Tolle Weinauswahl.

Veralda

AUTHENTISCHES IM GLAS
WEINBAR IN UMAG

A Kršin 4
52474 Brtonigla
T (+385 52) 77 41 11
W www.veralda.hr

Die Region macht den Wein, ist sich Familie Visintin sicher. Doch es ist das Verdienst der ambitionierten Winzerfamilie, dass die Region so authentisch in die Flaschen kommt. Sehr herzlich geführte Weinverkostungen, das eigene Restaurant ist für Gruppen nach Vereinbarung geöffnet. Sehr nette Weinbar in der Altstadt von Umag (Garibaldi 27).

Morgan

Primizia Food & Wine

Platz nehmen und sich wohlfühlen im Malo Selo

Malo Selo

MADAME FÜHLT SICH HIER WOHL

A Fratrija 1
52460 Buje
T (+385 52) 77 73 32

Endlich wird mir der Service zuteil, den ich zeit meines Lebens verdient zu haben glaube. Die freundlichen Gastgeber und Mitarbeiter grüßen von allen Seiten, stehen fast Spalier und sprechen mich mit „Madame" an. Dann rücken sie mir den Stuhl zurecht und platzieren einen Hocker für meine Handtasche. Ich komme mir vor wie die umschwärmte Erbin einer Dynastie. Besteck und Gläser funkeln im Lichterglanz des Kaminfeuers, und überall blicke ich in freundliche Gesichter. Nicht dass Sie glauben, ich sitze in einem noblen 5-Sterne-Luxus-Resort. Heute nehme ich in einer der wohl gediegensten Konobas von Istrien Platz. Familiengeführt. Bodenständig. Urig. Traditionell. Kurzum: zum Wohlfühlen.

Familie Marušić serviert nördlich von Buje charakterstarke, authentische Speisen mit viel Bodenhaftung. Das spricht sich natürlich herum – in der Beliebtheitsskala liegt diese Konoba ganz oben. Die Speisekarte ändert sich mit der Jahreszeit. Dann gibt es zum Beispiel im Frühling feinen Wildspargel oder im Herbst knackige Pilze. Den Anfang machen heute Trüffelbruschette, zartwürziger Pršut folgt. Am Nachbartisch entdecken wir eine Bukaleta, eine Rotweinsuppe im Tonkrug. Dabei handelt es sich um ein istrisches Traditionsgericht mit Seltenheitswert. Das Beste kommt vom Rost. Steaks in vielen Varianten. Ah, wie herrlich das duftet! Dazu bestelle ich einen knusprig-weichen Frico (Kartoffelpuffer). Erfüllt von all der Glückseligkeit und der herzerwärmenden Atmosphäre schwenke ich mein Rotweinglas. Immer mehr und immer mehr. Bis der Teran über den Rand schwappt und auf mein weißes Leinenkleid kippt. Jetzt heißt es Haltung bewahren. Jeder tut so, als würde er den riesigen Fleck nicht sehen. Aber keine Sorge: Madame nimmt das locker.

*Olivenöl

Agro Millo

OLIVENÖLMÜHLE
FLÜSSIGES GOLD

A Baredine 16
52460 Buje
T (+385 52) 77 42 56
W www.agro-millo.hr

Valter Smilović ist einer der erfahrensten Olivenölmüller Istriens und hat sein immenses Wissen auf die gesamte Familie übertragen. Bei der Produktion trifft Tradition auf modernste Technik. So entstehen in der renommierten Olivenölmühle nicht nur die eigenen Spitzenöle, sondern auch die Olivenöle anderer Weltklasse-Produzenten.

*Wein

Clai

ORANGE WINE

A Brajki 105, Krasica
52460 Buje
T (+385 52) 77 61 75
W www.clai.hr

Das Synonym für istrischen Orange Wine? „Clai"! Als Pionier der maischevergorenen Weine hat es der bekannte Winzer Giorgio Clai zu internationalem Ansehen gebracht. Der verantwortliche Winzer des Weinguts Clai ist der erfahrene Naturweinspezialist Dimitri Brečević, den man auch von seinen eigenen Piquentum-Weinen kennt. Südlich von Buje im Dorf Krasica. Auch Grappa und Olivenöl.

La Parenzana

ZUM WIEDERENTDECKEN
EDEL-KONOBA

A Volpia 3
52460 Buje
T (+385 52) 77 74 60
W www.laparenzana.com

Bezauberndes kleines Landhotel mit edler Konoba. Ein Ort zum Wiederentdecken. Die Casa Parenzana war immer eine ausgezeichnete Adresse in puncto istrischer Küche, nun ist sie es dank der Betreiber Ana und Marko wieder. Die Gäste nehmen auf der verträumten Terrasse unter Olivenbäumen oder drinnen, zwischen historischen Steinwänden, Platz. Der moderne Twist ist überall spürbar. Traditionelle Regionalküche auf hohem Niveau, vorwiegend mit Produkten aus der Umgebung.

Clai

La Parenzana

Luciano

LUXUS-HIDEAWAY
ZEITGEISTIGES RESTAURANT

A Mužolini Donji 7
52460 Buje
T (+385 52) 85 38 97
W www.san-canzian.hr

Ein verlassener Weiler, knapp vier Kilometer südlich von Buje, wurde in das vornehme 5-Sterne-Resort San Canzian verwandelt. Mit dabei: ein lässiges, elegantes Gourmetrestaurant mit kreativer Adriaküche. Das Luciano zeigt sich zeitgeistig, mit schicker Cocktailbar.

*Olivenöl

Agroturizam Radešić

BAUERNHOF-KONOBA
SELBSTGEMACHTES

A Punta 80a, Krasica
52460 Buje
T (+385 98) 42 09 84
W www.agroturizam-radesic.hr

Gastfreundschaft wird in diesem landwirtschaftlichen Betrieb großgeschrieben. Rohschinken, Speck, Wurst und Käse stammen aus Eigenproduktion. Auf Vorbestellung gibt es in der gemütlichen Bauernhof-Konoba Kalbfleisch aus der Čripnja, traditionelle Pasta, Eintöpfe, Ragout.

*Wein

Rondo – Vina Franković

FAMILIÄRE KONOBA
ESSEN BEIM WINZER

A Trg Josipa Broza Tita 6
52460 Buje
T (+385 52) 77 28 98
W www.frankovic.hr

Etwas unscheinbar von außen, aber drinnen ist der gute Geschmack zu Hause. Aus der Küche der Winzerfamilie Franković kommen Klassiker, basierend auf besten heimischen Grundprodukten. Die Gläser füllt der eigene Weinkeller mit Spitzenqualität. Ein Tipp sind die Trüffelgerichte. Eigenes Olivenöl.

San Servolo Resort & Beer Spa

CRAFTBEER, STEAKHOUSE,
HOTEL, SPA

A Momjanska ulica 7
52460 Buje
T (+385 91) 47 72 400
W www.sanservoloresort.com

Wir staunen: Von der kleinen Handwerksbrauerei zum trendigen Resort. Mit feschem Boutiquehotel, stylishem Gästehaus, einem 5-Sterne-Wellness-Campingplatz (Whirlpools, Mobile Homes), ein Beer & Steakhouse (grandiose Cuts) sowie eine Craftbeer-Brauerei (sechs Sorten).

San Servolo

Konoba Vrh

HIER ZITTERT ETWAS

A Vrh 2
52420 Buzet
T (+385 52) 66 71 23
W www.vrh.com.hr

Es gibt sie: die Menschen, die eloquent in mehreren Sprachen parlieren. Ich gehöre nicht zu ihnen. Dabei möchte ich unbedingt Kroatisch sprechen. Also habe ich das ganze Jahr über folgenden schier unaussprechlichen Satz geübt: „Na vrh brda vrba mrda." Heißt: „An der Spitze eines Hügels zittert eine Weide." Sie glauben, diesen Satz braucht kein Mensch? Tja, dann sitzen Sie einmal im Dorf Vrh in der gleichnamigen Konoba Vrh. Dort konnte ich vor den jungen Gastgebern Melita und Dejan mit dem Zungenbrecher und meinem gerollten „R" wie ein Presslufthammer tüchtig angeben.
Die alteingesessene Konoba auf einer Anhöhe über dem Butoniga-See ist ein Tempel für Trüffelliebhaber. Hier duftet es im Herbst bereits vor der Eingangstür nach den edlen Knollen. Im Frühling kommen Brennnesselpasta, Wildspargelfrittata und ein versunkener Kirschkuchen mit Vanillecreme auf den Tisch. Feine Gerichte aus der Čripnja gibt es auf Vorbestellung (Rind, Kalb, Lamm, Ziege) das ganze Jahr über. Sie merken es bereits: Wir sitzen in einem bodenständigen Gasthaus mit typischer Hausmannskost.

Das Olivenöl wird selbst gemacht, die Schnäpschen auch, Obst und Gemüse wachsen im Garten. Zur istrischen Küche genießen wir den süffigen Hauswein und fühlen uns wohl: dank der unfassbar netten Gastgeber, der schönen, überdachten Terrasse und des entspannenden Ausblicks auf die grünen Hügel.
Zum Dessert erfreut uns ein Strudel, der mit Feigen gefüllt ist – mit reifen, weichen Früchten, marmeladig im Inneren und dadurch besonders gut. Außerdem bekommen wir eine herrlich frische Panna cotta serviert. Sie ist so zart, dass sie auf dem Teller zittert. Also verkünde ich laut in meinem besten Kroatisch: „Na vrh brda vrba Panna cotta." („An der Spitze eines Hügels zittert eine Panna cotta.") Großes Gelächter.
Na bitte, geht doch.

Konoba Vrh

Traditionelle Fuži mit Trüffelkäse

Nicht jeder wagt sich über den Kauf frischer Trüffeln. Ein Stückchen Trüffelkäse ist im Urlaub aber rasch eingepackt: Er hält im Kühlschrank eine ganze Weile. Wird der Käse erwärmt, entfaltet sich ein wunderbarer Duft, denn die Trüffel wirkt wie Parfum.

ZUTATEN PASTATEIG (ERGIBT 400 G)

3 Eier
2 EL Olivenöl
Salz
330 g glattes Mehl, Type 480 od. 00
wenn nötig: 1 EL Wasser
80 ml Sahne
1 EL Trüffelöl
Salz
Pfeffer aus der Mühle
80 g Trüffelkäse

SO MACHT JOSEF FUŽI

1. Eier, Olivenöl und Salz in einer Schüssel vermengen. Nach und nach das Mehl dazusieben und so lange verkneten, bis sich der Teig vom Schüsselrand und den Händen löst. Wenn nötig, etwas Wasser zugeben. Der Nudelteig muss schön glatt und fest sein. Zu einer Kugel formen, in Klarsichtfolie einschlagen und für 60 Minuten kühl stellen.

2. Den Teig dünn ausrollen und ca. zwei Stunden antrocknen lassen. In drei bis vier Zentimeter große Quadrate schneiden und über die Diagonale zu einer Rolle einschlagen. Die Enden gut aneinanderdrücken.

3. Die Fuži in kochendem Salzwasser etwa drei bis vier Minuten bissfest kochen.

4. Abseihen und in einer Pfanne mit Sahne, Salz, Pfeffer und Trüffelöl erhitzen und gut durchschwenken.

5. Einen Teil des Trüffelkäses mit einer groben Reibe über die Pasta reiben und nochmals gut schwenken.

6. Den Rest des Trüffelkäses nach dem Anrichten über die Fuži reiben.

TIPP

» Der Trüffelkäse passt auch ausgezeichnet über Gnocchi und andere Pastagerichte.

Destillerie Aura

SCHAUBRENNEREI
ISTRISCHE DELIKATESSEN

A Istarske brigade 2/1
52420 Buzet
T (+385 91) 26 94 251
W www.aura.hr

Aus der familiengeführten Destillerie in Buzet ist eine kroatische Franchise-Erfolgsgeschichte geworden. Ein Dutzend Läden der Marke „Aura" sind über Istrien (Hum, Poreč, Motovun, Buzet, Buzet-Altstadt, Novigrad, Grožnjan, Rovinj), Dalmatien und Österreich verstreut. Kein Wunder biegen sich die Vintageregale mit ausgewählten Produkten: Edelbrände, Liköre (Teranino!), Marmelade, Schokolade, Tee, Käse, Honig, Olivenöl und Gin. In jedem Laden können Besucher von den Köstlichkeiten probieren, in der Schaudestillerie in Buzet gibt es spannende Führungen.

Hochgeistiges aus Buzet: Edelbrände und Liköre von Aura

Old River

TIPP VON EINHEIMISCHEN

A Ružnjak 70
52420 Buzet
T (+385 91) 66 21 111
W restoran-old-river.eatbu.hr

Während der Corona-Krise hat sich das in die Jahre gekommene Gasthaus in ein zeitgeistiges Restaurant verwandelt. Was uns gefällt: die überdachte Terrasse, die sich zum üppigen Grün hin öffnet. Die bodenständige Küche lockt viele Einheimische aus der Umgebung ins Lokal, und ausgesuchte Produzenten liefern Feines: Wein von Ipša, Trüffeln von Karlić, Edelbrände von Aura. Direkt an der Hauptstraße an der Mirna.

Destillerie Aura

Old River

*Wein

Piquentum

NATURWEIN

A Sveti Ivan 3/3
52420 Buzet
T (+385 91) 57 76 364
W www.piquentum.com

Winzer Dimitri Brečević wurde in Frankreich geboren, studierte Önologie in Bordeaux und produziert in der istrischen Heimat seines Vaters spannende Naturweine. Er ist außerdem für den Weinkeller von Clai verantwortlich.

Toklarija

GEHOBENE REGIONALKÜCHE

A Sovinjsko Polje 11
52420 Buzet
T (+385 91) 92 66 769

Kleines, gehobenes Landrestaurant (zwei Hauben) in einer ehemaligen Olivenölmühle südwestlich von Buzet. Wirtshausschild findet man keines, aber Genießer kennen den Weg durch die zwei historischen Mühlsteine am Eingang. Besitzer Nevio Sirotić kocht in bester Slow-Food-Manier einfach famos und überzeugt mit seinen regionalkreativen Gerichten. Auf die Teller kommt ausschließlich, was gerade Saison hat: Wildspargel, Pilze, Trüffeln. Besonders geschmackvoll sind die geschmorten Fleischgerichte (Kaninchen, Wild), Pasta und Desserts. Also eh alles. Nur auf Reservierung geöffnet.

Vela vrata

RESTAURANT & HOTEL AM STADTTOR

A Šetalište Vladimira Gortana 7
52420 Buzet
T (+385 52) 49 47 50
W www.velavrata.net

Bezauberndes Boutiquehotel mit gehobenem Restaurant am Eingang der Altstadt von Buzet gleich rechts beim großen Stadttor. Klassische Gerichte werden behutsam kreativ in die Neuzeit übersetzt, etwa Safranrisotto, Pilzsuppe, Tagliata vom Rind. Gute Trüffeladresse. Das Restaurant: stimmungsvolles Ambiente, Gastgarten, exzellente Weinauswahl. Das alles mit einem wunderbaren Blick über das Tal.

Piquentum

Vela vrata

Das kleine Städtchen im Norden Istriens gilt als „die Stadt der Trüffel". Die feuchte, graue Erde der Wälder rund um Buzet bis Motovun bietet ideale Bedingungen für das Wachstum der kostbaren Edelpilze.

Trüffelexperten Daniela und Marko Puh

Pietro & Pietro – Natura Tartufi

KULINARISCHE SCHATZSUCHE

A Srnegla 21
52420 Mala Huba/Buzet
T (+385 52) 55 40 57
W www.naturatartufi.com

Wer in Istrien einen Trüffelsucher fragt, wo sich seine Fundorte befinden, bekommt vermutlich folgende Antwort: irgendwo zwischen Narvik und Kairo. Sie ahnen es: Trüffelfundorte zählen zu den bestgehüteten Familiengeheimnissen der Nation. Wer Istrien kennt, weiß jedoch: Die Adriahalbinsel gehört neben Alba und dem Piemont in Italien sowie dem Périgord in Frankreich zu den wichtigsten und größten Trüffelgebieten Europas. Im nördlichen Bereich, zwischen Buje und Buzet und vor allem im mystischen Wald rund um Motovun, gedeihen die edlen Knollen besonders gut. Dort können Abenteurer und Feinschmecker sogar bei einer spannenden Trüffelsuche im Unterholz dabei sein.

Wie bei Daniela und Marko Puh von Pietro & Pietro. Sie bündeln das gesamte Wissen über den wertvollen Edelpilz seit Generationen. Bereits Danielas Urgroßvater Pietro hat sich als einer der ersten Trüffelsucher der Region einen Namen gemacht. Aus der jahrzehntelangen Erfahrung entstand eine schicke, topmoderne Trüffelmanufaktur bei Buzet. Hier werden Trüffelprodukte im eleganten Ambiente zu einem Erlebnis für Augen, Nase und Gaumen. Die Palette an Ideen ist groß, die Besucher können sich vor Ort davon überzeugen. Ob frische Trüffeln je nach Saison oder veredelte Spezialitäten: Die Auswahl zeigt sich erlesen. Der Trüffelkäse ist seit Jahren ein fixer Bestandteil unserer eigenen Restaurantküche – diesen gibt es aus Kuh-, Schaf- oder Ziegenmilch. Klassiker sind die getrüffelte Salami, Trockenwurst, Pasta oder Polenta. Die weiße Trüffelcreme auf Crostini gestrichen oder ein Stückerl Weißbrot ins Trüffelöl getunkt, machen stets Gusto auf mehr.
Außergewöhnlich: Chips, Popcorn, Schokolade, Feigenmarmelade, Tomatensauce oder sogar „San Servolo"-Bier mit Trüffelgeschmack. Daniela und Marko verschicken ihre Köstlichkeiten mittlerweile weltweit. Bis Narvik auf jeden Fall.

Trüffelregion Buzet

Karlić Tartufi

Prodan Tartufi

Karlić Tartufi

TRÜFFELPARADIES

A Paladini 14
52420 Buzet
T (+385 52) 66 73 04
W www.karlictartufi.hr

Alles Trüffel! Sympathischer Familienbetrieb, 13 Kilometer von Buzet entfernt im kleinen Dorf Paladini, nördlich des Butoniga-Sees. Es ist jedes Mal ein Erlebnis, wenn Radmilla Karlić ihre gusseiserne Pfanne auf den Herd stellt und eine riesige Trüffelfrittata zaubert. Eine Klasse für sich sind die veredelten Trüffelprodukte. Tipp: die geführten Trüffeltouren.

Prodan Tartufi

KULINARISCHE BODENSCHÄTZE

A Sveti Ivan, Praščari 43
52420 Buzet
T (+385 91) 55 12 796
W www.prodantartufi.hr

Ein Muss für alle Trüffelliebhaber ist ein Besuch in diesem wunderbaren Familienbetrieb südöstlich von Buzet. Hier erfährt man alles über die edlen Knollen. Die Verkostung der Trüffeln (über Rührei oder Pasta) sowie der verschiedenen Trüffelprodukte (Käse, Salami, Pesto) sind ein kulinarisches Erlebnis für sich. Familie Prodan bietet geführte Trüffeltouren an.

Unwiderstehlich, magisch, geheimnisvoll. Im Norden Istriens schürft man nach besonderen Diamanten für Gourmets: Trüffeln! Der wertvollste Edelpilz der Welt ist der Höhepunkt für jeden Feinschmecker.

Die Erde im grünen Istrien birgt einen kulinarischen Schatz – Trüffeln!

1. Saison. Die Jahreszeit entscheidet, welche Trüffeln man erwirbt. Neun von 25 Trüffelsorten, die in Istrien wachsen, sind essbar – vier davon werden vermarktet. Die begehrteste ist die Weiße Trüffel *(Tuber magnatum pico)*, die von Mitte September bis Ende Jänner gedeiht. Die Schwarze Winteredeltrüffel *(Tuber melanosporum)* gedeiht von Anfang November bis Mitte März. Ebenfalls zu erwähnen: die Wintertrüffel *(Tuber brumale)* sowie die Sommertrüffel *(Tuber aestivum)*. Kulinarisch sind diese nicht so wertvoll.

2. Aussehen und Konsistenz. Die Knollen sollen von der Erde befreit sein und eine unbeschädigte Oberfläche aufweisen. Löcher, Druckstellen oder Kerben lassen die Trüffel schneller verderben. Ein reifer Pilz fühlt sich leicht elastisch an.

3. Duft. Der Duft frischer Trüffeln betört und wird keiner Beschreibung gerecht. Weiße Trüffeln strömen einen intensiven Geruch von Pilzen, Moos, Laub, nasser Erde, Nüssen, Heu, Knoblauch und Honig aus. Schwarze Winteredeltrüffeln erinnern vor allem an Pilze, Kakao und Moschus.

4. Haltbarkeit und Lagerung. Mit jedem Tag verliert die Trüffel von ihrem Zauber, und in ein paar Tagen ist dieser generell vorbei. Daher: rasch verbrauchen! Wenn schon aufbewahren, dann in ein Stück Küchenrolle einschlagen, in ein geschlossenes Schraubglas geben und kühl lagern.

Diamanten für Gourmets: Trüffeln

Trüffelkauf ist Vertrauenssache – wie bei Pietro & Pietro, S. 28

5. Trüffeln essen. In guten Restaurants werden die Weißen Trüffeln direkt am Tisch über das Gericht gehobelt. Mit einer Reibe geraspelt, schmeckt der Edelpilz besonders intensiv. In den Lokalen wird selten das Gewicht in Gramm abgerechnet, in den Trüffelläden natürlich schon. Weiße Trüffeln kosten das Dreifache der Schwarzen Winteredeltrüffel. Pro Kilogramm können das ein paar tausend Euro sein. Für eine Vorspeise benötigt man aber nur circa fünf Gramm Trüffel, für eine Hauptspeise circa 15 Gramm. Einfach nachfragen.

6. Richtige Verarbeitung. Weiße Trüffeln werden roh gegessen (über Rührei, Pasta, Risotto, Tagliata), Schwarze Trüffeln zum Kochen verwendet. Die Weiße Trüffel besteht zu 80 Prozent aus Duft und zu 20 Prozent aus Geschmack. Bei der schwarzen Winteredeltrüffel ist dieses Verhältnis umgekehrt.

7. Getrüffelte Produkte. Wer sich nicht über den Kauf frischer Trüffeln wagt, hat die Möglichkeit, veredelte Trüffelprodukte mit nach Hause zu nehmen. Unbedingt auf die Zutatenliste auf dem Etikett achten.

2. Peron

2. Peron

MODERNE KONOBA
TRADITIONELLE
GESCHMÄCKER

A Cerovolje 6
52402 Cerovlje
T (+385 52) 68 40 99
W www.konoba-pizzeria2peron.com

Ein Publikumsmagnet mit offener Feuerstelle und schöner Loggia mit Gault-Millau-Haube, nordöstlich von Pazin gelegen. Großmutters Tellergerichte wie Maneštra, Bratwurst mit Kraut, Ripperl sowie überbackene Gnocchi mit Pršut, Rucola und Pilzen kommen ebenso auf den Tisch wie Selleriesuppe mit Trüffeln, Steaks oder eine Feigencrostata. Außerdem gibt es in der zeitgeistigen Konoba ausgezeichnete Pizza.

*Wein

Schloss Belaj

EIN SCHLOSS,
ZWEI WEINGÜTER,
TAUSEND IDEEN

A Belaj 20a
52402 Cerovlje
T (+385 52) 52 43 15
W www.castlebelaj.com

Jetzt ist Schluss mit Dornröschenschlaf! Das Barockschloss Belaj nördlich von Pazin wurde endlich wachgeküsst. Der Prinz, der aus dem einsamen, fast vergessenen Juwel wieder ein Schmuckstück gemacht hat, heißt Zhan Belay und ist erfolgreicher Unternehmer mit viel Leidenschaft für Geschichte, Weinbau und Genuss. Da war ordentlich was zu tun, und Zhan hat noch tausend Ideen, die er umsetzen möchte. Nach und nach werden die Gebäude innen und außen renoviert und instandgesetzt. Spannend: Zum Anwesen gehören sogar zwei Weingüter, die zusammenarbeiten – Dvorac Belaj der Familie Belay sowie das Weingut Podrum Belaj der Familie Ivić. Restaurant, Degustationsraum und Schlossladen sind bereits im Einsatz, bald soll ein edles Boutiquehotel folgen. Darin schläft man bestimmt so gut wie Dornröschen.

Schloss Belaj

Sapore di Mare

DIE RIVIERA AUF DEM TELLER

A Trg Sveti Kuzme i Damjana 2
52212 Fažana
T (+385 52) 52 17 85
W saporedimarefazana.business.site

Eines steht fest: Der Name ist hier Programm. Die „Geschmäcker des Meeres" sind das Paradethema im Sapore di Mare. Kein Geringerer als Damir Modrušan steht hier am Herd. Der bekannte Spitzenkoch hat jahrelang die begehrten Hauben für das Gourmetrestaurant Zigante erkocht. Jetzt hat es ihn vom Landesinneren an die Riviera von Fažana verschlagen.

Das Restaurant befindet sich in Bestlage im Zentrum der Altstadt, gleich neben der Kirche. Die elegant gedeckten Tische stehen nur wenige Meter vom Meer entfernt, und wenn am Abend die Sonne als glühender Ball ins Wasser fällt, sitzen wir in der ersten Reihe. Modrušan weiß, was Fažana-Gäste mögen: Scampi crudo, gratinierte Jakobsmuscheln, frische Austern, gegrillte Tintenfische und Branzino in der Salzkruste. Aber der Istrianer wäre nicht einer der besten seiner Zunft, wenn sich seine Gerichte nicht aufgrund ihrer Finesse und ihrer feinsubtilen Spielart vom üblichen Programm abheben würden. Das Safranrisotto mit Hummer überzeugt durch seine gelungene Konsistenz: sämig, mit Biss. Optisch und geschmacklich gelungen ist auch der Salat aus zarten Thunfischstücken. Mit Orangenfilets und Raukenblättern gespickt, zeigt er sich als ein Sommergericht par excellence. Besonders fein mariniert kommen die Sardinen auf den Tisch – das kulinarische Symbol Fažanas. Die Fischlein brauchen nicht viel: hochwertiges Olivenöl, Meersalz, Pfeffer und Schalotten. Wir sind uns einig, dass die „Pasta Mare" mit Capesante, Messermuscheln, Miesmuscheln und Scampi in Kombination mit der Aussicht auf das Meer und die Brionischen Inseln gleich noch einmal so gut schmeckt. Außerdem haben wir schon lange nicht mehr so einen guten Fritto misto gegessen.

Obwohl Mediterranes auf der Speisekarte dominiert, kann die Küche viel mehr. Wenn einer mit Trüffeln umgehen kann, dann Modrušan. Auch der Weingenuss ist in diesem Restaurant ein Vergnügen, denn die Weinkarte zeigt viel Esprit und spiegelt die ganze Region. Alles in allem: eine kulinarische Oase an der trubeligen Promenade und ein Gewinn für den gesamten Ferienort.

Mediterrane Küche direkt am Meer genießen: im Sapore di Mare

Marinierte Scampi

Scampi gut, alles gut. Ein unkompliziertes Rezept für eine wunderbare und leichte Vorspeise, denn richtig frische Scampi (Kaisergranaten) brauchen nicht viel. Mit ein wenig Salz, Pfeffer, Zitrone und Olivenöl schmecken diese Krustentiere am besten. Die Marinade zieht kurz durch das zarte Fleisch, und das Gericht kann sofort serviert werden.

SO MACHT JOSEF
MARINIERTE SCAMPI

1. Scampi vom Rückenpanzer befreien und den Darm (mit einem kurzen Einschnitt entlang des Rückens) entfernen. Der Kopf und die Scheren bleiben gerne dran.

2. Scampi auf vier Teller verteilen.

3. Das Fleisch mit Salz, Pfeffer und etwas Zitronensaft nach Belieben würzen und mit dem Olivenöl beträufeln.

4. Mit frischem Weißbrot servieren.

ZUTATEN FÜR 4 PORTIONEN

16 superfrische rohe Scampi
Salz
Pfeffer
Zitronensaft
Olivenöl extra vergine

TIPP

» Frische Scampi in Top-Qualität erkennen Sie an ihrer rosafarbenen Kruste. Das Fleisch selbst muss fast durchsichtig sein. Der Geruch sollte neutral und auf keinen Fall „fischig“ oder gar tranig sein.

Alla Beccaccia

TRADITIONELL
EIGENES WILD

A Pineta 25, Valbandon
52212 Fažana
T (+385 52) 52 07 53
W www.beccaccia.hr

Eine der besten Konobas Istriens, geführt von Familie Radolović. Das Lokal liegt versteckt in einem Wohngebiet knapp nach Fažana auf dem Weg Richtung Pula. Die Damen des Hauses managen die geschmackvolle Haubenküche, Vater Pino und Sohn Marko schupfen den Service. Die Peka-Gerichte sind ein Traum, es gibt immer Wild aus eigener Jagd. Elegante Glaskultur. Unbedingt reservieren, die Konoba ist meist knackevoll.

Arboretum Pub

JUNG, URBAN, TRENDIG
CRAFTBEER & BURGER

A Galižanska cesta 8
52212 Fažana
T (+385 52) 52 01 93

Die wohl besten Burger Istriens (Trüffelburger!). Auch Sandwiches, Panzarotti, gebackene Zwiebelringe. Dazu kommt eine riesige Auswahl an Craftbeer aus der Region sowie internationale Sorten. Die Olivenölproduzentin Nicoletta Balija führt mit ihrem Mann Emanuele Pagone dieses entspannte Lokal im lässigen Industrial Look. Unweit des Zentrums in einer Seitengasse.

Alla Beccaccia

Arboretum Pub

*Olivenöl

Balija

AB HOF EINKAUFEN

A Galižanska cesta 8
52212 Fažana
T (+385 52) 52 15 65
W www.balija.eu

Familie Balija zählt zu den bekanntesten Olivenölproduzenten Istriens. Ihre Bäume wachsen nicht einmal 100 Meter vom Meer entfernt. Auf roter Erde gedeihen vier verschiedene Sorten: Buža, Črnica, Istarska bjelica und Leccino. Hinter dem Arboretum Pub, das der Familie gehört.

*Eis

Gelateria Leone

ÜBER 30 SORTEN
NATÜRLICHER GESCHMACK

A Brionska ulica 5
52212 Fažana
T (+385 91) 73 79 414
W www.leonelucis.com

In diesem Eissalon der besonderen Art stellen wir uns täglich an. Denn in den über 30 hausgemachten Sorten stecken hochqualitative Zutaten, aber keine künstlichen Zusatz- oder Farbstoffe. Unsere Favoriten: cremiges Feigeneis mit Mascarpone und Walnussstückchen, Orange mit kandierten Orangenschalen, Granatapfel und Teranino (von Aura). Spannend: Olivenöleis.

La Barchetta

HOTELBAR & CAFÉ
IN DER ALTSTADT

A Trg Sv. Kuzme i Damjana 1
52212 Fažana
T (+385 52) 52 05 58
W www.villetta-phasiana.hr

Das La Barchetta ist die Hotelbar des eleganten Boutiquehotels Villetta Phasiana am Hauptplatz neben der Kirche: die Nummer eins für einen perfekten Espresso, Cappuccino, ein Gläschen Wein oder einen Sonnenuntergangsdrink. Die Café-Bar im Inneren sieht aus wie ein Boot, mit glänzendem Holz und marine-weiß-gestreiften Stühlen.

Nicoletta Balija

Gelateria Leone

Bare

Der gute Geschmack ist hier zu Hause: im More

Bare

REGIONALE FEINSCHMECKERKÜCHE

A Kamonarija 1
52452 Funtana
T (+385 52) 44 51 93

Besonders angenehm sitzt es sich in dieser einladenden Konoba unter der Pergola neben den Kiwibäumen. Obwohl sich die Küche dem traditionellen Istrien verschrieben hat, begeistert die einfallsreiche Interpretation. Zu empfehlen: Scampi crudo im Zitronenschaum, Risotto mit Meerspinne, Gerichte aus der Čripnja auf Vorbestellung, Thuntisch im schwarzen Pfeffer und Polenta. Gemütliche Apartments.

More

TRADITIONELL & GEDIEGEN

A A. Gašparini 3
52452 Funtana
T (+385 52) 44 51 03
W morefuntana1979.eatbu.com

Sympathisches Haus mit bodenständig-regionalen Speisen zum genussvollen Verweilen. Der luftgetrocknete Schinken wird mit der Hand geschnitten, Fisch und Muscheln kommen auf großen Porzellanplatten auf den Tisch. Grandioser Fritto misto, aber auch Austern und Hummer. Zwischen Poreč und Vrsar direkt neben der Hauptstraße zu finden.

More

Fratellini Finefood

GENUSSLADEN
TOP-QUICHE

A Mate Gorjana 7
52429 Grožnjan
T (+385 52) 77 61 14

Kleiner Genussladen gegenüber der Loggia beim Stadttor. Susanna Fratellini hat die Regale mit feinen Gläsern und Flaschen bestückt: Trüffelprodukte, Wein, Liköre, Tomatensauce, Olivenöl, Kräutermischungen. Unbedingt ein Stück der selbstgebackenen Quiche probieren: mit Wildspargel, Spinat, Ziegenkäse. Der Kaffee ist fantastisch.

Galerie Fratellini

KUNSTBEFLISSEN

A Braće Corva 14
52429 Grožnjan
W www.fratellini.hr

In Istrien wollen wir nicht nur den Körper, sondern auch den Geist füttern. Da ist ein Besuch beim charismatischen Marko Brajković angebracht. Der Maler zählt zu den scharfsinnigsten Köpfen im Süden. Seine Gemälde verkauft er in seiner Galerie in Grožnjan, aber auch international. Mit viel Erfolg. Sogar die Filmstars Salma Hayek und Johnny Depp haben zu Hause einen Brajković hängen. Wir arbeiten noch daran. Sollten Sie Marko nicht im Atelier antreffen, schauen Sie ins Café Vero ein paar Meter weiter. Dort trinkt der leutselige Künstler womöglich gerade mit uns einen Espresso, philosophiert mit Freunden über die Welt oder tauscht eines seiner Bilder gegen einen Traktor. Brajković ist ein Meister der Allegorien, hinter seinen kunterbunten Gemälden verbergen sich kluge Geschichten und Gedanken. Gegenüber dem kleinen Laden Fratellini Finefood im Zentrum der Altstadt, den Ehefrau Susanna führt.

Galerie Fratellini

Fratellini Finefood

Dešković

*Wein

ZWISCHEN GROŽNJAN & MOTOVUN

A Kostanjica 58
52429 Grožnjan
T (+385 98) 19 77 985
W www.vina-deskovic.hr

Familienbetrieb auf einem Hügel zwischen Grožnjan und Motovun. Malvasia, Teran, Muškat, Grauburgunder, Cabernet Franc und Chardonnay bilden das vinophile Sortiment. Auch Olivenöl.

Monticello

*Wein

AGROTURIZAM
WEIN & OLIVENÖL

A Montižel 59, Završje
52429 Grožnjan
T (+385 52) 77 62 12
W www.pincin-monticello.hr

Bodenständiger Agroturizam-Betrieb nördlich von Završje, dem (fast) verlassenen und mystischen Geisterstädtchen. Vieles wird selbst gemacht: Wein, Olivenöl, Pršut, Salami bis zum Ombolo (Karreeschinken). Gute Pasta mit Trüffeln, Huhn, Gulasch, Bratwurst mit Kraut, Mehlspeisen wie Kroštule oder Nusspotitze. Uriges Apartment.

Dešković

Viking

VOM MEER AUF DEN TELLER

A Limski Kanal 1
52352 Kanfanar
T (+385 52) 44 82 23

Serviceleiter Robert hievt eine riesige Schüssel mit Muscheln und Scampi Buzara auf den Tisch, und ich bin froh, dass meine Männer im Urlaub nie eine Krawatte tragen. Denn: Tomatenbuzara und Krawatten finden immer schnell zusammen. Zwar könnten sie das Stück Stoff über die Schulter werfen, in die Brusttasche stopfen oder ins Hemd stecken – aber bitte, wie sieht das denn aus?
Am Ende des zwölf Kilometer langen Limski-Kanals herrscht auf der weitläufigen Terrasse des Zwei-Hauben-Restaurants Viking munteres Treiben. Die Gäste kommen und gehen, die Servierwägen rollen von Tisch zu Tisch, und auf den Tellern glänzen die kulinarischen Stars des beliebten Ausflugslokals: frische Austern. Die edlen Schalentiere wachsen nur ein paar Meter vom Restaurant entfernt und kommen direkt vom Meer auf die Teller – zu sehr erschwinglichen Preisen. Die Küche setzt auf mediterrane Tradition und hat sämtliche Meeresklassiker im Programm: köstliche Vorspeisen in Form von Oktopussalat, eingelegten Salzsardellen, marinierten Sardinen, cremigem Kabeljaumousse oder Scampi crudo zum Beispiel. Das zarte Fleisch der Seespinne wird in der Schale serviert, die Tagliatelle mit Hummerstückchen zeigen sich sehr elegant in einem kraftvollen Naturbalsam. Urlaubsgerichte wie gebratene oder frittierte Calamari, Meeresfrüchterisotto oder gratinierte Jakobsmuscheln dürfen im Repertoire natürlich nicht fehlen. Ein Tipp: Probieren Sie unbedingt den Ofenfisch – er ist ein Gedicht. Egal ob Brasse, Wolfsbarsch oder Steinbutt: Fragen Sie Robert nach dem Fang des Tages. Er ist hier seit Jahrzehnten im Einsatz und aus der istrischen Gastroszene nicht wegzudenken. Seine Weinauswahl gefällt, an Olivenölen gibt es eine ganze Kollektion. Zum Dessert locken Tiramisu, Panna cotta oder Palatschinken. Die bestellen wir mit üppig Schokoladensauce. Kleidungstechnisch kann eh nix passieren.

Viking

Tony's Oyster Shack

Klara Marić

FEINE PASTA

A Jurja Dobrile 2A
52352 Kanfanar
T (+385 52) 82 53 23
W www.klaramaric.hr

Familie Marić stellt die bekanntesten Nudeln Istriens her. Ihre Pastamanufaktur hat die Familie 1987 gegründet. Mittlerweile sind unzählige Sorten im Programm. Fuži & Co von Klara Marić fehlen in keinem gut sortierten Laden.

Tony's Oyster Shack

AUSTERNFARM

A Limski Kanal
52352 Kanfanar
T (+385 98) 41 45 12

Muschelfarm, ca. 100 Meter vor dem Restaurant Viking. Es ist die kleine Hütte auf Holzpfählen am Ende des Limski-Kanals. Zu den frischen Austern wird ein Becher Malvasia gereicht. Keine fixen Öffnungszeiten.

Ich behaupte: Jeder liebt Pasta. In Istrien wird sie auf zwei verschiedene Arten gegessen: als erster Gang wie bei den Italienern oder als Beilage zum Hauptgericht. Im Dorf Žminj im Landesinneren findet jeden Sommer ein großes Pastafestival statt.

1. Fuži. Die bekanntesten Nudeln der Halbinsel, aus kleinen Quadraten zu Röllchen geformt. Oft mit Trüffelsauce serviert.

2. Pljukanci. Gerollte Pasta in einer Spindelform. Pljukanci sehen aus wie Schupfnudeln, sind aber nicht aus Kartoffelteig gemacht, sondern aus Pastateig.

3. Pasutice. In Rhomben geschnittene Pastafleckchen. Kommen in Begleitung von Sugo, Wildspargel oder Pilzen auf den Tisch.

4. Ravioli/Krafi. Pikante oder auch süße Teigtaschen. Gefüllt mit Skuta, Boškarin-Fleisch, Fisch, mediterranen Kräutern, aber auch mit Rosinen und Nüssen.

5. Lasagne. Hat nichts mit dem italienischen Auflauf zu tun. Unter Lasagne versteht man in Istrien lange, streifenförmig geschnittene Nudeln verschiedener Breite, von Suppennudeln bis Tagliatelle.

6. Njoki. Für Gnocchi werden im Süden zwei unterschiedliche Teigvarianten verwendet: Kartoffel- oder Pastateig, je nach Rezept. Oft mit Gulasch oder Ragout serviert.

7. Risotto. In den Speisekarten oft unter dem Überbegriff „Pasta" zu finden. Das Risotto kommt in Istrien nicht suppig oder sämig auf die Teller wie im Veneto, sondern eher als kompaktes Reisgericht. Besonders beliebt ist Risotto mit Meeresfrüchten.

Alles Pasta

Für die traditionelle Pasta braucht man zwar nur wenige Zutaten, dafür aber viel Liebe, Handarbeit und Feingefühl. Eine Meisterin der istrischen Küche ist Svjetlana Celija von der bekannten Vodnjanka in Vodnjan, S. 136.

Tikel

*Trüffel

Tikel

TRÜFFEL-BAUERNHOF

A Špinovci 87
52423 Karojba
T (+385 52) 68 34 04

Die Tikels keltern Wein, produzieren Olivenöl, vermieten Apartments, betreiben ihre eigene Konoba und suchen Trüffeln. Bei fast jedem Gericht kommt daher der Trüffelhobel großzügig zum Einsatz. Die Gäste nehmen im urigen Steinhaus oder auf der Terrasse mit Blick auf das Burgenstädtchen Motovun Platz. Authentische Gastfreundschaft. Eine sehr liebenswerte Adresse.

Marina Marinski

Marinski Heartmades Studio

DEN ALLTAG VERSCHÖNERN

A Spinčići 145a
51215 Kastav
T (+385 92) 18 88 320
W www.marinski.me

Verträumt und märchenhaft. Unter dem Branding „Marinski Heartmades" entwirft die Keramikkünstlerin Marina Marinski hochwertige Unikate aus weißem Ton: Becher, Schalen, Vasen, Teller und Pflanzgefäße. Jedes der Stücke entsteht in akribischer Handarbeit in ihrer kleinen Manufaktur im Dörfchen Mučići, fünf Kilometer nördlich von Opatija. Zu kaufen sind die bezaubernden Einzelstücke in verschiedenen Läden in Poreč, Motovun, Opatija oder Pula sowie in Marinas Webshop. In letzter Zeit konzentriert sich die Künstlerin auch auf das Designen von Schmuckstücken wie Ringe, Ohrringe, Broschen und Haarspangen in zarten Farbtönen und teilweise mit goldenen Details. Sogar Weihnachtskugeln, Anhänger und florale Sweatshirts (diese heißen bei Marina „Sweetshirts") gibt es im einzigartigen Marinski-Design. Inspirieren lässt sich die Künstlerin von der Natur und ihren Kindheitserinnerungen. Ihr Motto: Den Alltag verschönern. Das gelingt mit diesen bezaubernden Stücken stets aufs Neue.

Kukuriku

SLOW FOOD VOM FEINSTEN

A Trg Lokvina 3
51215 Kastav
T (+385 51) 69 15 19
W www.kukuriku.hr

Als der liebe Gott das Karma für entspanntes Reisen verteilte, stand ich nicht gerade in der ersten Reihe. Nichtstun? Ich kann das nicht. Sehe ich einen Liegestuhl, fängt mein Herz an zu rasen. Hängematte? Zur Hilfe! In Istrien funktioniert das Abschalten aber auf ganz wundersame Weise. Ich kontrolliere das Silbergrün der Olivenbäume, den perfekten Fächer des Rasensprengers, die korrekte Krümmung der Gurken. Die Feigen wechseln bald die Farbe – von Grün auf Violett. Perückensträucher, die wie Pudel aussehen, sonnenwarme Tomaten, die man in beiden Händen hält, und rosa Oleander.
Dass ich so herrlich entspannt bin, liegt auch am Slow Food von Nenad Kukurin. Mit Beständigkeit und Lebensfreude führt der Patron, Sommelier und Spitzenkoch sein Boutiquehotel mit Gourmetrestaurant (zwei Hauben) bereits in fünfter Generation. In einem ehemaligen Schul- und Klostergebäude gelegen, strahlt das Haus historisches Flair aus und spannt den Bogen in die Moderne – mitten in der zauberhaften Altstadt von Kastav hoch über der Riviera von Opatija. Wir nehmen gerne im wunderschönen Gastgarten Platz. Der Name „Kukuriku" ist übrigens ein Wortspiel mit dem Namen „Kukurin" – und der Hahn als Maskottchen allgegenwärtig. Nenad hat den guten Geschmack im kleinen Finger und ist einer der großen seiner Zunft. Sein Verdienst als kulinarischer Botschafter und als Pionier der mediterranen Slow-Food-Küche ist hoch zu würdigen. Alles, was auf den Tisch kommt, zeugt von Ideenreichtum und Geschmack: die Kvarner Scampi auf zartcremigem Kräuter-Skuta. Das mit viel Feingefühl marinierte Branzinotatar auf knusprigem Vollkorncrunch. Das exzellente Petersfisch-Carpaccio mit Erdbeeren und grünem Zupfsalat. Ein Höhepunkt sind die Rotbarben in gerösteten Mandeln auf weichen Polentascheiben. Lieber ein Stück Fleisch als Hauptspeise? Ich empfehle den zarten Lammrücken mit Schwarzen Trüffeln, geschmorten Ofentomaten und knackigem Gartengemüse. Was uns außerdem gefällt: Der Weinkeller birgt wahre Schätze, und im Service arbeiten freundliche, liebenswerte Menschen. Wer mit einem Lächeln aus der Küche kommt, überträgt seine Freude automatisch auf jeden Gast. Das steigert noch einmal das Wohlbefinden auf der nach oben offenen Entspannungsskala. Bald brauche ich echt einen Liegestuhl. Aber zuvor der süße Abschluss: Waldbeer-Millefoglie mit Meringue.

Tamara und Nenad Kukurin vom bekannten Kukuriku

Castellana Craftbeer

BIOLOGISCHES HANDWERKSBIER

A Kaštelir 71
52464 Kaštelir
T (+385 98) 99 81 742
W www.castellana.com.hr

Kleine Handwerksbrauerei mit unkompliziertem Bierlokal. Tina und Gabriel brauen nicht nur vier Sorten Bier und füllen es in langhalsige, elegante Flaschen, sondern bauen auch den dafür benötigten Weizen selbst an. In Bio-Qualität.

Count's Drinks

PREMIUM TONIC WATER

A Kaštelir 64
52464 Kaštelir
T (+385 98) 64 89 64
W www.countsdrinks.com

Die Produzenten Urša Prešeren und Marko Bratović haben sich auf handwerklich hergestellte Trenddrinks spezialisiert. In ihrer Manufaktur in Kaštelir entstehen Tonic Water, Ginger Beer, Ginger Ale und „Gineta" – ein istrisches Getränk ohne Alkohol mit Wacholderbeeren. Eigener Shop im Camping Lanterna in Tar.

Count's Drinks

Oliveri

*Olivenöl

50 VERSCHIEDENE OLIVENBÄUME

A Labinci 41
52464 Kaštelir
T (+385 91) 44 55 041
W www.oli-veri.com

Einzigartig: Im Hinterland von Poreč hat Familie Paulišić über 50 verschiedene Olivenbaumarten gepflanzt: von autochthonen Sorten bis hin zu europäischen und richtig exotischen Exemplaren. Das Olivenöl ist eine Klasse für sich. Verkostungen vor Ort.

Žardin

GEDIEGENES GASTHAUS

A Kovači 13b
52464 Kaštelir
T (+385 52) 45 53 13

Das Žardin ist ein klassisches, gut geführtes und viel besuchtes Gasthaus mit bodenständigem Charakter. Die einladenden Räumlichkeiten mit dem riesigen Kamin strahlen eine sensationelle Gemütlichkeit aus. Sitzt man auf der Terrasse, sieht man im Hintergrund das Meer glitzern. Das Paradethema der Küche ist das traditionelle Istrien mit den Feinheiten einer guten Wirtshausküche.

In südlichen Ländern kommen gerne Lammgerichte auf den Tisch. Keine Angst: Das unangenehme „Böckeln“ von früher gibt es nicht mehr, da Schafe und Hammel nicht mehr im Verkauf sind. Lammfleisch ist zart, mild, würzig und unaufdringlich in seinem Geschmack. Gut abgelegen und mit Rotwein verfeinert, wird es zum besonderen Sonntagsessen, das auf der Zunge zergeht.

Geschmortes Lamm in Teran-Sauce

SO MACHT JOSEF DAS LAMM

1. In einer Pfanne 2 Esslöffel Öl erhitzen, Zwiebeln und Knoblauch darin hell anschwitzen.
2. Den Rosmarinzweig und die Lorbeerblätter einlegen.
3. Sellerie- und Karottenwürfel kurz mit anschwitzen.
4. Die Lammstelzen mit Salz und Pfeffer würzen.
5. In einem großen Topf das restliche Öl erhitzen und die Stelzen darin rundum kräftig anbraten.
6. Mit dem Teran ablöschen und diesen auf die Hälfte einreduzieren.
7. Mit Lammfond aufgießen und bei 180 °C im vorgeheizten Ofen 60–70 Minuten zugedeckt schmoren.
8. Danach das angeschwitzte Gemüse zufügen und die Tomaten-Concassée untermischen.
9. Den Saft vom Lamm mit Salz, Pfeffer, Honig und 1 Prise Zimt nachwürzen und das Ganze nochmals 15–25 Minuten bei 140 °C im Backofen lassen.

ZUTATEN FÜR 4 PERSONEN

5 EL Olivenöl
100 g Zwiebeln, fein gehackt
3 Knoblauchzehen, fein gehackt
1 Rosmarinzweig
4 Lorbeerblätter
60 g Stangensellerie und
80 g Karotten, geschält und klein gewürfelt
4 Lammstelzen à ca. 350 g
etwas Salz
etwas Pfeffer, frisch gemahlen
500 g Tomaten-Concassée
3/8 l Teran
400 ml Lammfond
1 EL Honig
1 Prise Zimt

TIPP

- Das Lammfleisch sollte ganz leicht vom Knochen lösbar sein. Dazu reicht man knusprig gebackene Kartoffeln oder ein flaumiges Kartoffelpüree.
- Der kräftige Teran mit seiner betonten Säure ist ein perfekter Begleiter für dieses Lammgericht.

Konoba Da Rocco

ZEITGEMÄSS & TRADITIONELL

A Krnica 11
52208 Krnica
T (+385 99) 34 14 133
W www.konoba-darocco.com

Zeitgemäße Konoba mit gutbürgerlicher Küche an der Ostseite Istriens. Ein fesches Steinhaus mit hübscher Terrasse und unglaublich netter Gastgeberfamilie. Die traditionellen Gerichte sind im Heute verankert, verbinden Meer und Hinterland. Der Besitzer kocht. Sehr liebenswerte Adresse.

Stancija Kumparička

BIO-ZIEGENKÄSE

A Cokuni 25
52208 Krnica
T (+385 99) 66 90 692
W www.kumparicka.com

In der Nähe von Krnica, einem Dorf im Südosten Istriens, hat sich vor Jahren der slowenische Jurist Aleš Winkler niedergelassen. Dort betreibt er erfolgreich die erste Bio-Käserei der Region. Sein exzellenter Ziegenkäse kann vor Ort verkostet werden. Besucher wählen aus verschiedenen Genusspaketen. Eigener Stand vor der Markthalle in Pula. Dort heißt es: „Goat to go".

Stare staze

GASTRONOMISCHER LANDSITZ

A Kršan 26
52232 Kršan
T (+385 52) 86 32 59
W www.stare-staze.com

Ein schönes Anwesen im Grünen mit großem Ausflugsrestaurant, Terrasse, Swimmingpool und Kinderspielplatz. Viele Hochzeiten werden hier gefeiert – das Ambiente verzaubert nicht nur Brautpaare. Verfeinerte Regionalküche mit viel Ambition. 15 Kilometer nördlich von Labin im Osten Istriens.

Konoba Da Rocco

Stare staze: ein romantisches Anwesen im Grünen

250 Ziegen tummeln sich auf der Stancija Kumparička

Stancija Kumparička

Peteani

KULINARISCHER ZEITGEIST

A Aldo Negri 9
52220 Labin
T (+ 385 52) 86 34 04
W www.hotel-peteani.hr

Es ist immer die Erinnerung, die uns Gerichte und Produkte lieben lässt. Wobei ich nicht zufällig so wenige Geschichten über Brokkoli schreibe. Oder Zucchini. Oder Mangold-Kartoffeln. Was „Blitva" betrifft, bin ich normalerweise ziemlich schnell beim Abbestellen des grüngelben Breis. Allerdings: Im Drei-Hauben-Restaurant „Peteani" habe ich im Herbst den „Blitva" meines Lebens gegessen: frischer Mangold in Form zartester Blätter, liebevoll mit kleinen Kartoffelstückchen und gerösteten Pinienkernen gespickt und zu einem eleganten Timbalino geformt – ein wunderbarer Begleiter des gegrillten Tintenfisches auf gläsernen Tellern. Seither bin ich mit der mediterranen Beilage mehr als versöhnt.
Das Restaurant Peteani im gleichnamigen stylishen Boutiquehotel zählt zu den empfehlenswertesten Adressen der Ostküste Istriens. In unmittelbarer Nähe zur Altstadt von Labin erfreuen sich die Gäste am wirkungsvollen Interieur, an der ausnehmend schönen Tischkultur und an der verfeinerten geschmackvollen Regionalküche.
Hervorzuheben ist das fein marinierte Thunfischtatar auf Zupfsalat mit cremig-reifer Avocado und gehobeltem Hartkäse. In der samtigen Garnelensuppe schwammen gigantische 15 Stück Kvarner Scampi. Wissen die, dass ich Scampi liebe? Oder wirke ich ein wenig gefräßig, weil ich Kulinarikbücher schreibe? Sei's drum, die Suppe war zum Niederknien gut, ich habe brav mit der Familie geteilt. Mit sympathischer Aufmerksamkeit werden Fuži serviert: Ihre unverwechselbare Form verrät, dass sie selbstgemacht sind. Statt einer üppigen Sahnesauce wählt die Küche einen natürlichen Bratensaft für die Pasta. Danke, das ist herrlich! Die aufgeraute Nudeloberfläche nimmt den Saft so wunderbar auf, dass es eine Freude ist. Außerdem wird über diesen Zwischengang Weiße Trüffel gehobelt. Da schlage ich vor Freude die Hände zusammen. Dass jeder hier im Peteani viel Gespür für den Gast zeigt, beweist auch die Weinkarte mit dem „Who's who" der istrischen Winzerszene. Als Hauptspeise lockt ein schönes Herbstgericht: Entenbrust im Portwein-Balsam, mit Feigen, gratinierten Kartoffeln und Rotkraut. Das Finale bildet eine edle Form der „Labinski Krafi". Das sind die bekannten Labiner Teigtaschen, gefüllt mit Ricotta und in brauner Butter geschwenkt – mit geriebenen Nüssen, Honig und Rosinen. Ein süßer Traum. Heute noch in bester Erinnerung.

Peteani

Due Fratelli

LEGER & KOMMOD

A Montozi 6
52220 Labin
T (+385 52) 85 35 77

Entspannte Konoba zwischen Rabac und Labin. Die offene Feuerstelle bildet das Herzstück des Betriebs. Auf dem Rost brutzeln Calamari, Scampi, Fisch, aber auch Fleischstücke von Lamm, Huhn oder Rind. Sehr gut sind die Muschelvorspeisen sowie die hausgemachten Pastagerichte. Zuvorkommender Service. Gemütliches Interieur.

Kaštel Pineta

SCHLOSS, AGRITURIZAM, KONOBA

A Sv. Martin 32b
52231 Nedešćina
T (+385 52) 65 40 45
W www.kastelpineta.com

Familie Radićanin empfängt die Gäste zehn Kilometer nördlich von Labin in ihrem historischen Kaštel Lazzarini. Viele der Grundprodukte, die in der Schlossküche bei Sohn Florian landen, stammen aus der eigenen Landwirtschaft: Wein, Salami, Schinken, Speck und Käse sind selbstgemacht, Gemüse, Obst und Kräuter wachsen im Garten. Dieses Haus ist von einer familiären Gastlichkeit geprägt, die ihresgleichen sucht. Apartments, Indoor-Swimmingpool.

Due Fratelli

*Olivenöl

Negri Olive

GALERIE FÜR KUNST & GOURMET

A Giuseppina Martinuzzi 11
52220 Labin
T (+385 98) 21 95 24
W www.negriolive.com

Die Nachfahren des bekannten istrischen Adelsgeschlechts „Negri“ haben in ihrem Palazzo im Zentrum von Labin eine spannende Kunst- und Gourmet-Galerie installiert. Tolle Weine und Liköre, ausgezeichnetes Olivenöl und farbenfrohe, ausdrucksstarke Gemälde an einem Ort. Auch das historische Anwesen mit der Produktionsstätte können Interessierte auf Anfrage besuchen: im Dorf Trget, sechs Kilometer von Labin entfernt.

Velo Kafe

AM HAUPTPLATZ

A Titov trg 12
52220 Labin
T (+385 52) 85 27 45
W www.velokafe.com

Ein Lokal für jede Tageszeit. Die Gäste genießen am Hauptplatz Frühstück, Brunch, Mittagessen, Nachmittagskuchen, Aperitif und Abendessen. Zum Dinner sind die Tische elegant eingedeckt. Auf zwei Stockwerke verteilt. Mit Gastgarten und Terrasse.

Vinothek Terra

GESCHMÄCKER ISTRIENS

A Titov trg 10
52220 Labin
T (+385 52) 85 22 61
W www.enoteka-terra.com

Gegenüber dem Stadtpalast im Zentrum findet sich ein sehr gut sortierter Genussladen im angesagten Vintage-Stil mit Trüffelprodukten, Olivenöl, Wein, Edelbränden, Honig, Schokolade, Likören und Marmelade von namhaften istrischen Produzenten. Die Pizzeria Napoli nebenan gehört zur Vinothek.

William Negri

Vinothek Terra

Dolina

SCHNÖRKELLOSE HAUSMANNSKOST

A Gradinje 59/1
52427 Livade
T (+385 91) 89 32 847
W www.konobadolina.hr

Gediegenes Gasthaus, in dem man unkompliziert Trüffeln genießen kann. Der istrische Schinken zergeht auf der Zunge, Pasta und Brot sind hausgemacht. Gut besucht, trotz Abgeschiedenheit nordöstlich von Livade.

Ipša

*Olivenöl

WELTKLASSE-ÖL & ORANGE WINE

A Ipši 10
52427 Livade
T (+385 52) 66 40 10
W www.ipsa-maslinovaulja.hr

Neuer Laden, neuer Verkostungsraum, neuer Parkplatz, neue eigene Olivenölmühle. Bei Familie Ipša im kleinen Dorf Ipši hat sich viel getan. Kein Stein blieb auf dem anderen. Eines aber hat sich nicht verändert: Das Olivenöl gehört Jahr für Jahr zur absoluten Weltspitze. Leccino, Frantoio, Istarska bjelica, Selekcija (Blend aus fünf verschiedenen Olivensorten) sind aus unserer eigenen Küche nicht mehr wegzudenken. Spannende Orange Wines, die auch wir in unserem Restaurant führen.

Zigante

*Trüffel

TRÜFFELIMPERIUM

A Livade 7
52427 Livade
T (+385 52) 66 43 02
W www.restaurantzigante.com
W www.zigantetartufi.com

Das Zigante-Trüffelimperium umfasst neben dem renommierten Gourmetrestaurant (derzeit zwei Hauben) in Livade sechs Trüffelläden in Istrien und Slowenien sowie eine große Manufaktur. Außerdem produziert Familie Zigante exquisites Olivenöl und Top-Weine. Auch Apartments, Trüffeldemonstrationen und die bekannten Trüffeltage im Herbst.

Produzieren bestes Olivenöl und spannende Weine: Claudio und Ivan Ipša

Zigante

Draga di Lovrana

MEERESTERRASSE
ZUM TRÄUMEN
SPITZENKÜCHE

A Lovranska Draga 1
51415 Lovran
T (+385 51) 29 41 66
W www.dragadilovrana.hr

Eine Meeresterrasse wie aus der Kroatienwerbung: weitläufiger Panoramablick über das Wasser und die Kvarner Inseln, schmiedeeiserne Sesselchen, lila Lavendel, beige-weiße Leinentischwäsche und eine Glaskultur vom Feinsten. So faszinierend die Aussicht, so raffiniert die Haute Cuisine, denn die Drei-Hauben-Küche leistet Großartiges. Auch das Weinangebot und der zuvorkommende Service bringen uns zum Staunen. Plus: Familie Nikolac führt ihren Betrieb auf eine sehr persönliche Weise.

Ganeum

FOOD & WINE BAR

A Stari Grad 5
51415 Lovran
T (+385 51) 29 44 44

Hippes Gourmetrestaurant im Herzen der Altstadt mit ambitionierter Küche und spannender Tellerarchitektur. Traditionelle Geschmäcker aus der Region kommen mit viel Pfiff und Leichtigkeit auf den Tisch. Patron und Küchenchef Robert Benzia versteht viel von feinen Aromen und präzisem Handwerk. Der charmante Gastgarten verteilt sich auf verschiedene Ebenen. Bunte Drinks, Spitzenweine, Craftbeer. Drei Hauben von Gault-Millau.

Ganeum

Nobilion

LUXUS AN DER RIVIERA

A Svetog Nikole 2
51410 Ika/Opatija
T (+385 51) 20 70 30
W www.ikador.com

Für Aufsehen sorgt das Luxushotel Ikador in Ika zwischen Lovran und Ičići. Ein modernes Highend-Refugium mit Wahnsinnsblick über die Kvarner-Bucht, mit Riva-Lounge, Sea-Deck-Terrasse, Wellness-Spa, Zigarrenbar und dem Gourmetrestaurant Nobilion, das in den Trendfarben Tintenblau und Cognac gehalten sowie mit goldenen Akzenten versehen ist. Auf die unkonventionellen Teller kommt eine international-mediterrane Avantgarde. Küchenchef Dino Knežević erhält eine Auszeichnung nach der anderen: Zwei Hauben gibt's vor allem für seinen Umgang mit Aromen und Texturen. Der Spitzenkoch setzt teilweise auf Molekularküche, die aus regionalen Grundprodukten eine große Show macht. Exklusiver Chef's table.

Malin Food & Wine Bar

DAS ERSTE MAL

A Osipovica 3c
52203 Medulin
T (+385 95) 87 24 604
W www.malin-medulin.com

Aus der Serie „Das habe ich noch nie gemacht“: Ich habe noch nie einen Tatort-Krimi geschaut. Ich habe noch nie eine Jogginghose getragen. Ich war noch nie in Medulin essen. Beliebte Badeorte klingen immer nach Trubel, großen Menschenansammlungen und Trillionen von Touristen, und ich will eigentlich nur meine seelige Ruh'. Trotzdem: Heute sitzen wir auf der Terrasse der Malin Food & Wine Bar an der belebten Strandpromenade von Medulin. „Malin“ heißt Windmühle, und die ist das Wahrzeichen des beliebten Ferienzentrums im Süden Istriens. Die Stimmung ist gut, die internationalen Gäste schnattern auf allen Seiten, und der Blick auf das Meer inklusive Sonnenuntergang sorgt für die passende Urlaubsstimmung.
Auf der Speisekarte entdecken wir Ideen aus der ganzen Welt, umgesetzt mit regionalen Grundprodukten: Ingwer-Karotten-Süppchen, Rosmarin-Focaccia, Scampispieße, Muscheln Buzara, Ceviche vom Branzino, Tagliatelle mit Entenbruststreifen und Trüffeln, Steaks vom Boškarin, Tintenfischrisotto, Schokolade-Brownie mit Haselnüssen. Der Hauswein stammt vom renommierten Weingut Matošević.
Sie merken es: In Medulin zu essen, war keine schlechte Idee. Einmal muss eben das erste Mal sein. Wer weiß: Vielleicht schaue ich am Sonntag den „Tatort“ im Fernsehen. In Jogginghosen.

Malin Food & Wine Bar

Njoki mit Sugo vom Boškarin-Rind

Wenn Josef Sugo macht, dann in großen Mengen. In praktische Schaubgläser gefüllt und haltbar gemacht, hilft es der nicht so kochtalentierten Autorin, der Familie geschwind ein tolles Gericht zu zaubern. Schnell noch eine Pasta oder Polenta gekocht, fertig! Für die frischen Njoki (Gnocchi) muss allerdings der Spitzenkoch wieder selbst an den Herd.

ZUTATEN FÜR 4 PERSONEN

Für das Sugo:
200 g Zwiebel, fein gehackt
2 Knoblauchzehen, fein gehackt
200 g Karotten, geschält und in feine Würfel geschnitten
4 EL Öl
160 g Stangensellerie, geschält und in feine Würfel geschnitten
4 EL Petersilie, gehackt
400 g Rindfleisch, faschiert
100 g Schweinefleisch von der Schulter, faschiert
100 g Rohschinken, in kleine Würfel geschnitten
80 g Butter
800 g frische Tomaten, geschält, entkernt und in Würfel geschnitten
800 g Tomaten aus der Dose, kurz durchgemixt
6 EL Tomatenmark
¼ l Rindsuppe
Salz, Pfeffer
½ TL Zucker
1 EL Oregano
etwas Zitronenzeste

SO MACHT JOSEF DAS SUGO

1. Zwiebel und Knoblauch mit den Karotten unter Rühren in Öl anschwitzen. Selleriewürfel und Petersilie hinzufügen und ebenfalls einige Minuten anschwitzen.

2. Die beiden faschierten Fleischsorten zugeben und unter ständigem Rühren anbraten, bis die Masse krümelig zerfällt.

3. Den Rohschinken fünf Minuten mitbraten.

4. Die Hälfte der Butter, die frischen Tomaten sowie die Tomaten aus der Dose beigeben und kurz köcheln lassen. Das Tomatenmark untermischen und alles noch etwas einkochen lassen.

5. Rindsuppe eingießen, mit Salz, Pfeffer, Zucker, Oregano und den Zitronenzesten würzen und ca. 35–40 Minuten langsam schmoren. Die restliche Butter einrühren.

TIPP

» Wichtig ist, dass die Sauce ausreichend lang geschmort wird, damit die Aromen perfekt zur Geltung kommen.
» Runden Sie das Sugo mit 100 ml Rotwein ab. Ist die Flasche einmal geöffnet, schenken Sie sich geschwind ein Gläschen ein.
» Echtes istrisches Boškarin-Rind ist außerhalb Istriens kaum zu bekommen. Rindfleisch in Top-Qualität gibt es aber bestimmt auch in Ihrer Region.

SO MACHT JOSEF DIE NJOKI

1. Für die Njoki Kartoffelmasse, Mehl, Butter und Ei in eine Schüssel geben und mit Salz und Muskat zu einem festen Teig verarbeiten.

2. Auf bemehlter Arbeitsfläche zwei fingerdicke Rollen formen und im Abstand von 2–3 Zentimeter abtrennen.

3. Mit einer Gabel leicht andrückend in Form bringen und auf einem bemehlten Blech kühl stellen.

4. Njoki in siedendem Salzwasser ca. drei bis vier Minuten köcheln lassen. Sobald sie an der Oberfläche schwimmen, sind sie fertig.

5. Sahne in einer Pfanne kurz erhitzen, mit Salz und Pfeffer würzen und die Njoki darin schwenken.

ZUTATEN

Für die Njoki:
250 g mehlige Kartoffeln, passiert
80 g Mehl
25 g weiche Butter
1 Ei
Salz, Pfeffer, Muskat
50 ml Sahne
Mehl für die Arbeitsfläche

Denis und Rino Prelac von der Konoba Rino und dem Weingut Prelac

*Wein

Konoba Rino

GEMÜTLICH, TRADITIONELL, BODENSTÄNDIG

A Dolinja Vas 23
52462 Momjan/Buje
T (+385 52) 77 91 70
W www.prelac.hr

Immer dasselbe: Nach den Urlaubswochen in Istrien kämpfen wir mit dem Übergepäck an kulinarischen Mitbringseln. Selbst aus der Dachbox quellen Flaschen mit Olivenöl und Wein. Hat mein Mann tatsächlich? Der Blick in den Wagen beweist: Ja, er hat. Einen Schinkenhalter, einen Polentatopf, drei Steigen Feigen, säckeweise Lorbeerblätter, eine Kühltasche mit Skuta und 40 Paar Würstel zwischen Kinder und Koffer gequetscht. Ist das dahinten ein Zopf Knoblauch? Das Auto ist bummvoll, dabei bräuchten wir für den Zwischenstopp in Momjan besonders viel Platz, um Malvasia, Refošk, Muskat, Cabernet Sauvignon, Chardonnay und Rosé einzupacken. Rino und Denis Prelac keltern wunderbare Weine, und die sind ein Anziehungspunkt für Genießer. Authentischer kann man Istrien wohl nicht erleben. Das gilt für den Weinkeller genauso wie für die Konoba. Qualität, Gastfreundschaft und Liebenswürdigkeit sind einfach zu beeindruckend. Eine heimelige Atmosphäre im Lokal schaffen die Wände aus Stein, die Decke aus Holz, die Ölbilder mit jagdlichen Motiven und die offene Feuerstelle in der Ecke neben der Küche. Hier waltet Hausherrin Tinka mit ungebrochener Freude und Können ihres Amtes. Das Ergebnis sind geschmackvolle Köstlichkeiten vom Rost: Kalb, Lamm, Würstel, bis hin zum berühmten Boškarin-Rind. Wir lieben die bodenständige Kochkunst mit diesem breiten Spektrum an Aromen.

Gleich die Vorspeisenplatte zu Beginn verbreitet eine gute Stimmung: handgeschnittener Pršut, Käse, Salami und am Feuer geröstetes Brot mit Olivenöl aus der eigenen Produktion. Es folgt eine herzhafte Pasta: Zur Auswahl stehen unter anderem Pljukanci mit Steinpilzen, Gnocchi mit Trüffeln, Fuži mit Rindsbackerln oder geschmortem Wildschwein. Das Wild stammt aus dem eigenen Jagdrevier, denn Hausherr Rino durchstreift als Jäger die Region. Zum Gegrillten von Tinka werden Stampfkartoffeln, Weißkraut oder Mangold gereicht. Wäre noch das Dessert: Die Cremeschnitten in diesem kulinarischen Haus sind legendär. Irgendwie ist aber zu befürchten, dass wir nach dem Genuss nicht mehr ins Auto passen. Müssen wir auch nicht, denn Familie Prelac führt auch ein B&B mit drei wunderbar gemütlichen Doppelzimmern. Na dann: „Einmal die Cremeschnitte, bitte!"

Stari Podrum

BASTION DES ISTRISCHEN GESCHMACKS

A Most 52
52462 Momjan
T (+385 52) 77 91 52
W www.staripodrum.info

Früher war alles besser. Die Luft. Die Wasserqualität. Die Tomaten wuchsen ohne Überdachung unter freiem Himmel. In der Zeit, die eine Internetseite zum Laden brauchte, konnte ich locker eine Dusche nehmen. Außerdem konnte ich mehr essen. Mittags ein paar Gänge, abends ein paar Gänge – alles kein Problem. Jetzt schwanke ich bei der Auswahl meiner Gerichte zwischen Kinder- und Seniorenteller. Lustig ist das nicht, wenn das Magerl bereits nach zwei Vorspeisen bummvoll ist. Wie soll ich unter diesen Bedingungen ein kulinarisches Buch schreiben?
Erneut stellt Ingrid einen Teller und eine Schüssel auf den Tisch. Rindscarpaccio mit Rucola und Parmesan, Fuži mit Trüffeln und einen Frico. Das ist ein ziemlich gehaltvoller Fladen aus Käse und weichen Kartoffeln, sozusagen die südliche Variante eines Kartoffelpuffers, den wir im italienischen Friaul-Julisch Venetien kennen und lieben gelernt haben. Danach freuen wir uns auf eine Tagliata vom Rind. Mit sautierten Steinpilzen. Sie ahnen mein Dilemma: Wo soll ich das alles hinessen? Von den Pljukanci mit Ragout hätte ich auch gerne probiert, und das letzte Mal waren die Lammkronen mit dem gegrillten Gartengemüse einfach fulminant.

Die Zrnić-Damen Mira und Marinka kochen einfach famos. Alles, was das Mutter-Tochter-Duo in der Küche zaubert, schmeckt. Grandiose Haubengerichte, fundiert in ihrer ländlichen Tradition, eine Bastion des istrischen Geschmacks. Der Familienbetrieb unterhalb des Kastells von Momjan bildet einen spannenden Kontrast aus uriger Konoba und schickem Restaurant. Auf der einen Seite rustikale Steinwände und eine offene Feuerstelle, auf der anderen Seite der stylishe Kubus aus Edelstahl und Glas mit schwarzen Lampen im Industrial Design.
Die dritte Dame im kulinarischen Bunde, die zweite Tochter Ingrid, führt den Service und ist für die Weinbegleitung zuständig. Gerne trinken wir ein Fläschchen Malvasia, den ihr Mann Maurizio Franceschini gekeltert hat. Ein Extralob gebührt den Desserts: Panna cotta mit Waldbeeren, Quittentiramisu und Zwetschkenknödel. Das Feine: Ich kann von allem probieren, denn meine Rettung sitzt am Tisch – meine drei Männer. Die schaufeln das weg. Locker.

Stari Podrum

Casa Dante & Casa San Martino

GÄSTEHÄUSER MIT STIL
ÖSTERREICHISCHE
GASTGEBER

A Trg Sv. Martina 10
52462 Momjan
W www.momjan.com

Das österreichische Unternehmerpaar Katarina und Tom Riederer hat im Herzen von Momjan zwei stilvolle Gästehäuser eröffnet. Auf Wunsch werden diese Gäste im großen Stil bekocht.

*Wein

Kabola

NATURWEINE

A Kanedolo 90
52462 Momjan/Buje
T (+385 52) 77 92 08
W www.kabola.hr

Eines der beeindruckendsten Weingüter Istriens thront auf dem Hügel „Stancija" bei Momjan. Aus hellem Stein gebaut, mit Schmiedeeisentor und Baumallee erinnert das bezaubernde Anwesen an ein französisches Château. Die international prämierten Weine wie Malvasia und Teran reifen in Tonamphoren im Garten. Bio-Qualität, charakterstark – eine Offenbarung. Neben den mazerierten Weinen gibt es auch frische Weine, Schaumwein, halbsüßen Wein und Süßwein. Tolle Verkostungspakete, Weinverkauf im feschen Laden, eigenes Olivenöl.

*Wein

Kozlović

TOPLAGE ST. LUCIJA
AUSSICHTSTERRASSE

A Vale 78
52462 Momjan/Buje
T (+385 52) 77 91 77
W www.kozlovic.hr

Zu Füßen des Kastells in Momjan befindet sich das stylishe Weingut der bekannten Winzerfamilie Kozlović. Neben autochthonen istrischen Rebsorten wie Malvasia, Muškat Momjanski und Teran werden auch internationale Sorten wie Sauvignon Blanc, Cabernet Sauvignon und Merlot angebaut. Von der Aussichtsterrasse der modernen Vinothek überblickt man Weingärten, Wald und die Burgruine. Übernachungsmöglichkeit im stylishen Winzerhaus beim Weingut.

*Wein

Agroturizam San Mauro

WEIN & AUTHENTISCHE
REGIONALKÜCHE

A San Mauro 157
52462 Momjan
T (+385 52) 77 90 33
W www.sinkovic.hr

Der landwirtschaftliche Betrieb der Familie Sinković liegt direkt neben der Kirche, mit exzellenter Konoba und ausgezeichneten Weinen aus dem eigenen Anbau. Auch Olivenöl, Marmeladen, Sirup, Schnäpse und Liköre werden hergestellt. Auf den Etiketten sind die Hausschweine Gigi und Pepa verewigt, die in einem Weinfass am Hof wohnen. Schön: die Aussicht von der Terrasse über Olivenbäume bis ans Meer.

Kabola

Kozlović

Johnson

DER LUXUS DES EINFACHEN

A Majčevo 29b
51417 Mošćenička Draga
T (+385 51) 73 75 78
W www.johnson.hr

Ich bin sehr auf Natürlichkeit bedacht. Gut, ohne Make-up gehe ich ungern aus dem Haus, und ich fahre immer noch ein Dieselauto. Aber: Ich wasche das letzte Plastiksackerl meines Lebens nach Gebrauch Tag für Tag aus und besitze ein Insektenhotel. Von allen Küchenstilen der Welt ist mir ein natürlicher der liebste. So wie im legendären Johnson an der Riviera von Opatija. Oberhalb von Mošćenička Draga in einem Wohngebiet findet man eines der besten Fischrestaurants (drei Hauben), das ich kenne. Bei der Philosophie der Familie Jurdana geht es, auf den Punkt gebracht, um Bescheidenheit, Einzigartigkeit und die bereits vorhin erwähnte Natürlichkeit. Diese zieht sich durch das gesamte gastronomische Konzept. Von außen unscheinbar, punktet das Restaurant im Inneren durch seinen unaufdringlichen Stil. Im Sommer nehmen die Gäste an einem der vier Tische auf der kleinen Terrasse Platz.

Johnson

Was mich fasziniert: der Luxus des Einfachen. Luxus wird nicht in Form von Abgehobenheit zelebriert, sondern in Form von Qualität in einer ganz anderen Liga. Küchenchef ist Ivan Jadreškić. Sein Gespür für das Gute wirkt sich unmittelbar auf jedes seiner Gerichte aus. Der Zauber liegt nicht in der Show, im Drumherum oder im Abenteuer, sondern einzig und allein im Geschmack und im natürlichen Produkt selbst. Reduktion auf das Wesentliche. Pure Konzentration auf Fisch und Meeresgetier. Das ist eine immense Herausforderung. Weil weder das Geschirr noch zig verschiedene Konsistenzen und Komponenten oder das ganze Brimborium um den Gast vom eigentlichen Genuss ablenken. Das ist beachtlich.
Selbstgebackenes Brot (Kürbiskernbrot, Brioche, Weißbrot) mit Olivenöl machen den Anfang, köstliche Rohheiten folgen: Kvarner Scampi, Sardinen, Branzino-Carpaccio, Pelamide. Das zart marinierte Krabbenfleisch der Seespinne und der fein geschnittene Oktopussalat werden als Duett serviert: überhaus tiefgründig sowie poetisch schlicht angerichtet und geschmacklich von einer noch nie dagewesenen Harmonie. Die Muscheln (Arche-Noah-Muscheln, Canestrelli, raue Venusmuscheln) in weißer Buzara klingen nach einem einfachen Gericht und entpuppen sich wie immer als genial. Patron Dragan Jurdana erzählt, dass die Jakobsmuscheln von Tauchern gepflückt werden – geschmacklich sind sie eine Wucht. Unbedingt probieren: Tagliatelle mit Seezunge, gegrillte Seppioline und das Meeresfrüchterisotto. Heute haben wir Glück: Es gibt Rochen, einen delikaten Speisefisch mit Seltenheitswert. Einen dermaßen guten Rochenflügel haben wir das letzte Mal bei den Roca-Brüdern im katalanischen Girona gegessen. Ob wir ein Dessert möchten? Tiramisu classico, Erdbeer-Schokoladen-Torte. Natürlich!

Risotto mit Meeresfrüchten

Ein Klassiker der mediterranen Küche. In ein sämiges Risotto passt so viel Gutes: Gemüse wie Wildspargel, Erbsen und Radicchio, Trüffel, Steinpilze, Safran, aber auch Fisch und Fleisch. Eine Lieblingsvariante ist die mit Meeresfrüchten. Was man allerdings beim Kochen braucht: ein bisschen Geduld.

SO MACHT JOSEF RISOTTO

1. Zwiebel im heißen Öl hell andünsten, Knoblauch und Petersilie hinzufügen, schließlich den Reis hinzugeben.

2. Ist der Reis glasig angeschwitzt, Schluck für Schluck mit Weißwein ablöschen und die Flüssigkeit immer wieder verkochen lassen.

3. Mit Fischbrühe und Wasser nach und nach aufgießen, bis der Reis weich ist, aber im Inneren noch einen leichten Biss aufweist.

4. Die Garnelen und Muscheln vorsichtig hinzufügen und mitkochen lassen.

5. Mit Salz, Pfeffer, Zitronensaft sowie Cayennepfeffer, Parmesan und Zucker würzen.

6. Am Ende die Butter unterrühren. Das Risotto sollte eine sämige Konsistenz aufweisen.

ZUTATEN FÜR 4 PERSONEN

1 kleine Zwiebel, fein geschnitten
2–3 EL Olivenöl
1 Knoblauchzehe, gehackt
1 EL Petersilie, gehackt
250 g Risottoreis
1/8 l Weißwein
¾ l leichte Fischbrühe
¼ l Wasser

200 g ausgelöste rohe Garnelenschwänze
20 Miesmuscheln, im heißen Wasser überkocht
20 kleine Kammmuscheln (Canestrelli)

Salz
schwarzer Pfeffer
Zitronensaft
Cayennepfeffer
2 EL Parmesan, gerieben
1 Prise Zucker
20 g Butter

TIPP

» Als Weißwein zum Aufgießen eignet sich ein frischer Malvasia. Zum Einschenken am Tisch auch.

Zijavica

GOURMET AM STRAND

A Šetalište 25. travnja 2
51417 Mošćenička Draga
T (+385 51) 73 72 43
W www.konoba-zijavica.com

Stelle ich die Familie vor die Wahl: Strandbesuch oder Restaurantbesuch, braucht niemand lange überlegen. Es folgt eine Reservierung in der Konoba Zijavica. Kluge Idee, dann gibt es beides. Das Lokal der Familie Vunić liegt nämlich direkt am schönen Strand von Mošćenička Draga an der Riviera von Opatija. So nah, dass man beim Essen die Kieselsteine aufheben könnte. Tagsüber präsentiert sich das ehemalige Fischerdorf in fröhlich-trubeliger Ferienstimmung mit bunten Sonnenschirmen und Liegestühlen. Abends, zur blauen Stunde, leert sich der Strand und gibt einen herrlichen Blick auf den bezaubernden Ort im Sonnenuntergang frei.
Indes nehmen die Gäste im Zijavica im schicken Pergola-Gastgarten am Meeresufer Platz oder im freundlich gestalteten Haupthaus. Der sympathische Besitzer, Sommelier und Spitzenkoch Stiven Vunić hat den Betrieb seiner Familie neu erfunden. Er warf Kroatiens kulinarische Tradition und den modernen Küchenavantgardismus in einen Kochtopf und hat sich mit diesem Wagemut und Seitenblicken ins Fernöstliche einen Fixplatz in der Gourmetszene am Kvarner erkocht. Als kongeniale Partnerin hat er seine Frau Tea als Pâtissière an seiner Seite. Jackpot! Das Ergebnis: drei Hauben von Gault-Millau.
Der Gast wählt zwischen dem sechsgängigen Degustationsmenü oder À-la-carte-Gerichten. Schwerpunkt: Fisch und Krustentiere. Die geräucherten Sardellen kommen auf einer Bruschetta in sehr nobler Form Flosse an Flosse auf einem Beet von Gemüsestreifen und Salatblättern daher. Außen knusprig, innen zart cremig: der Bakalar. In einer krossen Panade aus Pankomehl, serviert auf einem Meeresstein am Stiel. Außerdem überzeugt die Spezialität des Hauses: eine Ceviche aus Rotbarbe, Scampi und Oktopus in einem samtigen, leicht scharfen Balsam aus sonnengereiften Tomaten, Stangensellerie, Orangenfilets, Granatapfelkernen und gewürfeltem Weißbrot.
Dann heißt es Bühne beziehungsweise Magen frei für Teas Desserts. Unser Favorit: die Zitronentarte. Mürbe Tartelettes mit erfrischendem Lemon Curd und luftigem Baiser. Für die Millefoglie gilt: herrlich knusprig, herrlich cremig. Golden gebackener Blätterteig, klassisch in drei Schichten geteilt, mit zarten Vanilletupfen und frischen Gartenbeeren. Da fällt uns ein: Mit vollem Bauch soll man ja nicht ins Wasser. Also warten wir noch kurz ab. Aber dann nutzen wir die maritime Poleposition.

Tea und Stiven Vunić vom Restaurant Zijavica

Tu Tamo

Tu Tamo

LAUBE ÜBER DEM MEER

A Mošćeniče 50
51417 Mošćenička Draga
T (+385 51) 73 72 33
W www.konoba-tutamo.hr

Mit prachtvollem Blick über der Adria sitzen die Gäste in einer urigen Laube über dem Meer. Die Zwei-Hauben-Hauptdarsteller auf den Tellern: Fisch und Krustentiere. Klassisch gemacht, aber mit verfeinerndem Händchen. Sehr freundlicher Service, feine Weine.

Zijavica

*Wein

Roxanich

DIE BUNTE WELT DER ORANGE WINES

A Kanal 30
52424 Motovun
T (+385 52) 20 57 00
W www.roxanich.hr

Es ist einer dieser Hach-Momente. Hinter mir liegt das bekannteste Burgenstädtchen Istriens, vor mir spiegelt sich der Himmel im Wasser. Der Blick fällt ins Grüne, während ich in der Hand ein Gläschen Malvasia halte. Der Winzer und Unternehmer Mladen Rožanić hat zu Füßen Motovuns etwas Außergewöhnliches geschaffen: ein einzigartiges Resort mit Boutiquehotel, Weingut und Restaurant. Modernes Design trifft in Form roter Kuben auf historischen Stein. 70 Prozent der Anlage wurden in den Hügel hineingebaut. Darin liegt gut verborgen das Herz des Genussrefugiums: der Weinkeller. Hier entstehen und reifen die unverwechselbar schrägen und genialen Orange Wines.

Rožanić arbeitet biodynamisch, mit höchsten Standards, minimalem technischem Einsatz und lässt sich vom Wein der Antike in Amphoren inspirieren. Das Ergebnis sind faszinierende, maischevergorene Unikate.
Hand aufs Herz: Für Sie riechen diese bernsteinfarbenen Weine nach warmem Schnaps und altem Suppenwürfel? Glauben Sie mir: Die Leidenschaft für diese ausdrucksstarken Tropfen kann man durch Probieren entwickeln. Plötzlich tun sich Welten auf – spannende Weinwelten voller Komplexität und von ungeahnter Tiefe. Ich habe einige Schlückchen gebraucht (ich wollte jetzt tatsächlich „Gläschen" schreiben, aber was würden Sie dann denken), bis mir der „Malvasia Antica" seine feinen Nougatnoten präsentiert und nach reifen Tropenfrüchten mit einem Hauch von mediterranen Kräutern zu duften begonnen hat.
Passt perfekt zum Meeresfrüchterisotto im Restaurant vor Ort. Oder zur Scampipasta. Außerdem auf der Speisekarte: ein kräftiger Brodetto, Stockfischmousse auf Polenta, Gnocchi mit Ragout, Trüffelgerichte, und aus dem Reifungsschrank wählt man dry aged Beef von bester Qualität. Wer in die bunte Welt der Orange Wines eintauchen will, ist hier absolut richtig. Eine Kellerführung und Weinverkostung beeindrucken sehr und zeigen die Vielschichtigkeit, Geschichte und Freude an der neuen alten Weinkultur.

Roxanich

*Wein

Benvenuti

LEIDENSCHAFT & TERROIR

A Kaldir 7
52424 Motovun
T (+385 98) 19 75 651
W www.benvenutivina.com

Familienbetrieb in der Trüffelregion im Norden Istriens. Tradition trifft auf Leidenschaft und viel Gespür fürs Terroir – die Basis für diese vinophile Erfolgsgeschichte. Volle Konzentration auf Malvasia und Teran in verschiedenen Spielarten.

Agroturizam Štefanić

MIT AUSSICHT
FAMILIENBETRIEB

A Štefanići 55
52424 Motovun
T (+385 98) 25 15 04
W www.agroturizam-stefanic.hr

Ein Agroturizam-Betrieb wie aus dem Urlaubsbilderbuch. Idyllisch auf einem kleinen Hügel mit schöner Aussicht von der Laube genießen Gäste gute istrische Hausmannskost: Suppen, Eintöpfe, viel Pasta und Fleisch. Das Olivenöl ist selbstgemacht, der Malvasia kommt aus dem eigenen Weinkeller, Obst und Gemüse wachsen im Garten.

*Wein

Tomaz

MOTOVUN ZU FÜSSEN

A Kanal 36
52424 Motovun
T (+385 98) 33 57 69
W www.vina-tomaz.hr

Der Blick von den Weingärten der Winzerfamilie Tomaz auf das berühmte Bergstädtchen Motovun ist einfach bezaubernd. Malvasia, Teran und Merlot zeigen nicht nur das Potenzial der Lage und des Mikroklimas, sondern das Können des Kellermeisters. Das Ergebnis sind vielfach prämierte Weine. Verkostungen und Weinverkauf vor Ort.

Benvenuti

Die Brüder Albert und Nikola Benvenuti

Das bekannteste Bergdörfchen Istriens: Motovun

Trüffelregion Motovun

Im geheimnisumwitterten Wald von Motovun finden Trüffelsucher mit ihren Hunden die begehrten Edelpilze. Daher gibt es rund um das bekannte Bergdorf besonders viele Trüffelrestaurants, -manufakturen und -shops.

Benčić Tartufi

IN DER ALTSTADT

A Gradiziol 10
52424 Motovun
T (+385 91) 55 07 688
W www.bencic-truffles.com

Wirkt von außen wie ein bunter Krimskramsladen, drinnen stehen aber feine Trüffelprodukte in Reih und Glied. Neben Klassikern wie Trüffelöl und -pasta staunen wir über außergewöhnliche Spezialitäten wie zum Beispiel Trüffelpuder, Kastanienpüree mit Trüffeln, Trüffelmayonnaise, Trüffelsenf und Trüffelketchup.

Mondo

Miro Tartufi

TRÜFFELSUCHE

A Kanal 27
52424 Motovun
T (+385 52) 68 17 24
W www.miro-tartufi.com

Hungrig steht bei Familie Kotiga niemand auf: Zuerst geht es auf Trüffelsuche, dann gibt es die edlen Knollen über Rührei, Pasta & Co. Der landwirtschaftliche Familienbetrieb liegt Motovun zu Füßen, der kleine Shop von Miro Tartufi befindet sich in der Altstadt oben auf dem Hügel: das Eckhaus mit den schrulligen Kühlschrankmagneten und Ansichtskarten.

Mondo

TRÜFFELPARADIES

A Barbacan 1
52424 Motovun
T (+385 52) 68 17 91
W www.konoba-mondo.com

Bekanntes Trüffelrestaurant in der Altstadt. Das Ecklokal mit den türkisfarbenen Holzbalken ist nicht zu übersehen und zeigt sich als kulinarische Oase in dieser vielbesuchten Touristenhochburg. Draußen sitzt das internationale Publikum auf verschiedenen Ebenen und Terrassen, drinnen schafft das gemütliche Interieur eine entspannte Atmosphäre. Alles wartet auf den Trüffelhobel – der kommt Tisch für Tisch zum Einsatz: über Carpaccio, Pasta, Polenta, Tagliata oder auch Schokoladekuchen und Eiscreme.

Čok

PHÄNOMENAL GUT

A Sv. Antona 2
52466 Novigrad
T (+385 52) 75 76 43

Wir fahren nicht nach Novigrad, wir fahren zum Čok. Dieses bekannte Fischrestaurant ist keine Entdeckung, sondern seit über zwei Jahrzehnten eine kulinarische Institution. Der Patron des Hauses, ein Unikat und Paradewirt mit großem Herzen namens Sergio Jugovac, ist als Čok in ganz Istrien bekannt. Hier finden wir einen Ort der Beständigkeit und einen Familienbetrieb par excellence. Unweit vom Hafen beim Altstadtkreisel gelegen, verfügt das zeitlos gemütliche Restaurant über eine überdachte Terrasse, ungewöhnliche Designerlampen, die aussehen wie Oktopusarme, eine wunderbare Weinkultur und Gastfreundschaft.
Während Čok mit fangfrischen Fischen und Meeresgetier auf einer Silberplatte an den Tisch tritt und die Gäste berät, managt seine Frau Vilma auf ruhige, emsige Weise den Service und schenkt die besten Weine ein. Sohn Viljan zaubert einstweilen in der Küche gehobene regionale Meeresgerichte – sehr authentisch und geradlinig. Viljan gehört zu den Arrivierten der istrischen Kulinarikszene, ohne auch nur ein einziges Mal im Rampenlicht zu stehen. Der Spitzenkoch arbeitet immer im Verborgenen und ist keiner, der sich laut beklatschen lässt. Das würden wir aber gerne tun, so außergewöhlich gut schmecken seine Scampi crudo auf Skuta mit Himbeeren. Oder das subtil marinierte Thunfischtatar. Das Carpaccio von der Meeräsche. Oder das Rote-Rüben-Risotto. Das bleibt sowieso ewig im Gedächtnis, genauso wie der Hummer. Die Einzigartigkeit der Gerichte steckt in Viljans eigenständigem Küchenstil, erschaffen aus dem Bewahren der Tradition und einzig dem guten Geschmack verpflichtet. Egal ob Jakobsmuscheln, Muscheln Buzara oder der geliebte Fisch aus dem Ofen: volle Konzentration auf das Wesentliche, keine Ablenkung – eine feinsinnige Spitzenleistung, trendbefreit und ehrlich.
Als Desserts empfehlen wir die Schokoladentorte ohne Mehl mit Waldbeeren oder das Tiramisu classico mit Bitterschokolade und Himbeeren. Leicht wie eine Wolke. Auch das: ein Phänomen. Unfassbar gut.

Čok

Die Gastronomen Vilma und Sergio Jugovac

Damir & Ornella

ISTRISCHE ADRIA-SASHIMI

A Zidine 5
52466 Novigrad
T (+385 52) 75 81 34
W www.damir-ornela.com

Diesen Text schreibe ich mit verpflastertem Finger, denn ich habe das letzte Handgemenge zwischen Sellerieknolle und Küchenmesser verloren. Messerfertigkeit gehört wohl nicht zu meinen Talenten. Das ist bei Familie Beletić vom Drei-Hauben-Restaurant Damir & Ornella etwas anderes. Gourmets aus ganz Europa und dem Kärntner Bad St. Leonhard pilgern in dieses kleine Restaurant in Novigrad. Der Grund ist natürlich ein kulinarischer: feine Adria-Sashimi. Tritt man unter dem roten Baldachin am Eingang hindurch, tut sich eine eigene Welt auf. Eingehüllt in eine freundliche, familiäre Atmosphäre, kommen Fans von rohem Fisch und Krustentieren voll auf ihre Kosten. Bereits vor zwei Jahrzehnten, in einer Zeit, in der noch niemand in Istrien Sashimi kannte, ging Familie Beletić neue gastronomische Wege. Das Konzept ist noch immer einzigartig: Matea, Vater Damir und das eingespielte Serviceteam filetieren Fisch und Meeresgetier direkt am Gast – Scampi, Krabben, Jakobsmuscheln, Tintenfisch, Wolfsbarsch, Seezungen, Hummer. Vom Meer auf die Teller, frischer geht's nicht. Als Hauptspeise gibt es Pasta (Gnocchi, Tagliatelle) mit Meeresfrüchten oder frischen Trüffeln. Nicht nur auf die Teller, auch in die Gläser kommt das Beste: Champagner, Weine der istrischen Top-Winzer und spannende Orange Wines.

Beim Filetieren mit den japanischen Messern ist exakte Millimeterarbeit gefragt. Denn bei Sashimi ist nicht nur die herausragende Qualität maßgeblich, sondern auch deren kunstvolle und ästhetische Darreichung. Je einfacher das Ganze aussieht, desto professioneller der Hintergrund. So werden Fisch und Meeresgetier in feine, mundgerechte Stücke geschnitten, mit Salz, Pfeffer, Zitronensaft und bestem Olivenöl mariniert und gewürzt. Familie Beletić beherrscht diese Kunst aus dem Effeff. Denn mit verpflastertem Finger habe ich in dem Restaurant noch nie jemanden arbeiten gesehen.

Damir & Ornella

Marina

AUTODIDAKTIN IM KOCHOLYMP

A Sv. Antona 38
52466 Novigrad
T (+385 99) 81 21 267
W www.marinarestaurant.eu

Als Marina Gaši und Davor Buršić im Jahr 2011 ihr Restaurant in Novigrad eröffneten, war geplant, dass Marinas Mutter die Küchenleitung übernehmen würde. Doch es kam anders, und Marina stellte sich selbst an den Herd. Bis heute werkt sie mit viel Begeisterung in ihrer Miniküche, angespornt von der Faszination für höchste Produktqualität und spannende Zubereitungsarten. Innerhalb weniger Jahre katapultierte sich die Autodidaktin in den Kocholymp Istriens und ist mit drei Gault-Millau-Hauben die höchst-ausgezeichnete Köchin der kroatischen Halbinsel. Marina hat einen sehr persönlichen Küchenstil entwickelt und vermittelt die istrisch-mediterrane Identität in jedem einzelnen ihrer kreativen und hocheleganten Gerichte.

Das Gourmetrestaurant mit seiner kleinen Terrasse liegt gegenüber der Bootsmarina von Novigrad im ersten Stock. Die Abendsonne durchflutet das gemütliche Restaurant und sorgt für eine wunderbare Wohlfühlstimmung. Als Gast wählt man die Anzahl der Gänge aus dem Degustationsmenü, basierend auf Fisch und Meeresgetier. À la carte gibt es nicht. Die tatsächlichen Gerichte hängen von der Saison, vom Fang des Tages, den Wetterbedingungen und Marinas eigener Stimmung ab. Doch alles, was die Spitzenköchin aus ihrer Küche schickt, gereicht zur kulinarischen Ehre: heimatliche Rezepturen, beste Grundprodukte, moderne Fasson, geschmacklich top, handwerklich perfekt.

Als Küchengruß machen eine Brioche mit aufgeschlagener Butter, ein geräuchertes Filet vom Pelamide und eine Tartelette mit Fischmousse den köstlichen Anfang. Zarte Vorspeisen in Form von Branzinocarpaccio mit knusprigen Kartoffelscheiben und rohen Scampi folgen. Der Mignon-Burger auf einer gläsernen Étagère sorgt für Spaß, die tomatisierten Linguine mit Garnelen und Spinat stehen für Genuss pur. Mit souveräner Hand schenkt Sommelier Davor einen Spitzenwein nach dem anderen ins Glas. Als Hauptspeise erfreut uns ein saftiges Stück vom Seeteufel mit Fenchel, Koriander und zartlila Borretschblüten. Die Desserts zeigen sich erfrischend und schokoladig: Eis am Stiel in weißer Schokolade in Olivenöl sowie Bitterschokoladepralinen mit Crumble in zart geschmolzenem Salzkaramell. Nach diesem fulminanten Menü sind wir unendlich dankbar, dass der Zufall damals Regie führte und Marina die Küche übernahm. Oder war es Schicksal?

Spitzenköchin Marina Gaši

*Olivenöl

Al Torcio

MODERNE ÖLMÜHLE

A Strada Contessa 22a
52466 Novigrad
T (+385 52) 75 80 93
W www.altorcio.hr

Familie Beletić produziert eines der hochwertigsten Bio-Olivenöle Istriens. Ihre topmoderne Mühle befindet sich nördlich von Novigrad. Zum Betrieb gehören auch die Pension und das Gasthaus „Torci 18“ in der Altstadt von Novigrad.

*Wein

Weinbar Rigo

IM ZENTRUM

A Velika ulica 5
52466 Novigrad
T (+385 91) 57 72 874

Keine Zeit, alle Winzer der Region abzuklappern? Kein Problem. In der charmanten Weinbar Rigo im Herzen der Altstadt von Novigrad ist eine breite Palette istrischer Weine zu Hause. Gemütliche Atmosphäre, gesellige Runden, kleine istrische Antipasti.

Weinbar Rigo

Novigrad

In der Adria leben Hunderte Fischarten und andere Meerestiere. Sie sind fester Bestandteil der mediterranen Küche. Hochsaison: Herbst und Winter.

1. Kvarner Scampi. Auch Kaisergranaten genannt. Die Scampi aus der Kvarner-Bucht gelten als besonders feine Delikatesse. Sie werden roh mit Zitrone und Olivenöl, als Vorspeise mit Pasta oder als Risotto, à la Buzara oder gegrillt gegessen. Nicht zu verwechseln mit ihren kleinen Verwandten, den Garnelen (Shrimps) – diese haben Fühler und keine Scheren.

2. Austern. Im Limski-Kanal gedeihen die edlen Muscheln besonders gut, denn in dem schmalen Meeresarm zwischen Vrsar und Rovinj vermischen sich Salz- und Süßwasser. So bekommen die Austern viel Sauerstoff und Futter.

3. Sardellen. Sardellen sind kürzer und schlanker als Sardinen. Trotzdem werden die beiden gerne verwechselt. Im Fischerort Fažana hat man den kleinen Blaufischlein eine Akademie, eine Straße, einen Park und ein Fest gewidmet. Wir lieben sie eingelegt, fein mariniert oder frittiert.

4. Seezungen. Der Nordwesten Istriens, Novigrad und Tar, ist für seine hervorragenden Seezungen bekannt. Ein begehrter Speisefisch aus der Familie der Plattfische mit einem festen, aber milden Aroma.

5. Bakalar. Die Venezianer haben aus dem hohen Norden einst den Bakalar auf die Halbinsel gebracht. Die Istrianer essen den Stockfischaufstrich (aus getrocknetem Stockfisch/Kabeljau) mit Weißbrot als Vorspeise. Er gehört zur südländischen Küche einfach dazu.

6. Meerspinne. Die besten Meerspinnen (Seespinnen) gehen Fischern am Südzipfel Istriens bei Premantura in die Reusen. Sie sehen aufgrund ihrer auffällig langen Beine und Scheren spinnenartig aus, sind aber Dreieckskrabben und werden wie Hummer gekocht.

Das Meer auf dem Teller

Bekannt für seine ausgezeichnete Meeresküche:
das Restaurant Hrast in Poreč, S. 93

7. Tintenfisch. Die drei Meerestiere Kalmar, Oktopus und Sepia gehören zur Gruppe der Tintenfische (Kopffüßler). Oft herrscht auf den Speisekarten und im Verständnis ein wildes Durcheinander. Kalmar und Sepia haben zehn Arme, Oktopus acht Tentakel mit Saugnäpfen. Spricht man vom Tintenfisch, ist oft der Sepia gemeint. „Calamari" zählen zu den beliebtesten Urlaubsgerichten. Das ist der kulinarische Name für Tintenfisch.

8. Aquafarm. Durch die Überfischung gibt es längst nicht mehr genügend Fisch in der Adria. Familie Fonda führt bei Piran eine biologische Aquazucht für exzellente Wolfsbarsche, Brassen und Miesmuscheln.

Stancija Kovačići

Stancija Kovačići

KULINARISCHES ORAKEL

A Rukavac 51
51211 Matulji
T (+385 51) 27 21 06
W www.stancija-kovacici.hr

Ich bin ein Orakel und kann vieles vorhersagen. Hat nichts mit Zirkus und Tarotkarten zu tun, sondern mit meinem Glauben. Beispiele? Ich glaube, dass aus einem guten Stück Rindfleisch eine gute Suppe wird. Ich glaube, wenn ein Bauer mit einem Laib Käse, Wurst, Salami und einem Ziegel Ricotta zur Tür hereinmarschiert, gibt's was Gutes aus der Region. Ich glaube, wenn der Chef selbst am Herd steht, ist das ein gutes Zeichen. So wie in der Stancija Kovačići von Daniela und Vinko Frlan. Der Besitzer und Patron dieses wunderbaren Hauses entdeckt als Zwei-Hauben-Koch im Bodenständigen immer wieder neue, kreative Wege. Das macht seine Küche einzigartig und vor allem eigenständig in ihrem Stil. Denn Trends kommen und gehen, aber das zeitlos Gute hat immer Bestand. Vor allem, wenn man wie Frlan begnadet kochen kann.

Das Landrestaurant mit Hotel und Swimmingpool, knapp vier Kilometer oberhalb von Opatija (nördlich der Preluk-Bucht), zeigt sich als außergewöhnliches Genussrefugium. Auf der gemütlichen Terrasse würde man gerne den ganzen Tag sitzen bleiben. Überall sehe ich zufriedene, glückliche Gesichter. Aber das ist ja kein Wunder. Frlan beherrscht die Spielarten der leichten mediterranen Küche genauso wie die kraftvollen traditionellen Gerichte des Hinterlandes. Auf das hauchzarte Oktopuscarpaccio mit schwarzen Oliven, Preiselbeeren, Thymian und gelben Äpfeln setzt der Spitzenkoch cremigen Skuta und Garnelen aus der Kvarner-Bucht. Dazu werden handgerollte Grissini gereicht. Das sämige Risotto mit Radicchio di Treviso schmeckt verblüffend wie zu Hause, und dort schmeckt es bekanntlich am besten. Nicht entgehen lassen sollte man sich das überkrustete Kalbsrückensteak mit knackigen Erbsenschoten und glacierten Schalotten. Auf dem Nachbarteller entdecke ich zartrosa Lammkronen mit sautierten Pilzen. Erstklassig auch die Desserts: cremige Bitterschokolade, fruchtige Heidelbeer-Tartelettes, selbstgemachtes Eis am Stiel. Das Fazit des Orakels Silvia: Wer in der Stancija Kovačići zu Gast ist, kann nicht vom Glauben an das Gute abfallen.

Navis

GOURMET-SUSHI IM MODERNEN DESIGN

A Ivana Matetića Ronjgova 10
51410 Opatija
T (+385 51) 44 46 00
W www.hotel-navis.hr

Ich habe den sportlichen Tiefgang einer Wurstsemmel. Aber marschiere ich am Meer entlang, kommt mir so schnell niemand hinterher: wie am bekannten Lungomare an der Riviera von Opatija. Das stylishe Designhotel Navis in der Preluk-Bucht ist der perfekte Ausgangspunkt im Norden, um sämtliche zwölf Kilometer der berühmten Franz-Joseph-Promenade zu erwandern. Vom 5-Sterne-Hotel gelangt man über einen kurzen Weg in den Hafen von Volosko, dann geht es über das mondäne Opatija nach Lovran. Immer die Küste entlang.
Die bekannte Hotelierfamilie Kapetanović ließ ihr extravagantes Hotel in einer spektakulären Wabenarchitektur über die Klippen bauen – ein selbstbewusster Hingucker – fesch, flott und frech. Sophisticated präsentiert sich auch das integrierte Fine-Dining-Restaurant (zwei Hauben), das für Nichthotelgäste auf Reservierung zugänglich ist. Die Weltgewandtheit zeigt sich im kulinarischen Konzept: „Fusion by Navis". Das bedeutet: Adria trifft auf japanische Küchentradition. Der talentierte Spitzenkoch Tino Sinožić kann das. Schließlich hat er die Tokyo Sushi Academy besucht. Daher gibt es neben seiner mediterranen Kreativküche auch Uramaki Rolls, Nigiri, Tataki und Sashimi. Die Fische für das exzellente Sushi stammen ausschließlich aus der Adria.
Womit das Navis außerdem punktet? Da wären einmal die großzügige Terrasse mit einem einmaligen Blick über das Meer, die fantastisch gefüllten Weinschränke, das freundliche Profiteam, die präsente Gastgeberfamilie und der neue Bootssteg. Seit kurzem kann man per Jacht anreisen. Aber weil wir gerade keine solche besitzen, versuchen wir mit dem Auto auf dem Parkplatz dellenfrei einzuparken. Das ist bei dieser steilen Lage eine sportliche Aufgabe.

Navis

KaoKakao

FÜR SÜSSSCHNÄBEL

A Andrije Štangera 44
51410 Opatija/Volosko
T (+385 51) 70 12 17

Sehr beliebte Konditorei im Zentrum von Volosko. Sehr klein, sehr fein. Kuchen, Strudel, Torten, Petits Fours, Makronen, Tiramisu, Konfekt, Millefoglie, Cake-Pops. Jedes Törtchen ist ein Kunstwerk für sich.

Plavi Podrum

GASTRONOMISCHE INSTITUTION

A Obala Frana Supila 12
51410 Opatija/Volosko
T (+385 51) 70 12 23
W www.plavipodrum.com

Das Zwei-Hauben-Restaurant gehört schon lange zur Gourmetspitze am Kvarner. Direkt im entzückenden Hafen von Volosko bietet es mediterrane, leichte Fischküche (rohe Meeresfrüchte), von klassisch bis kreativ. Fantastische Weinkarte. Ausgesprochen freundliches Personal. Charmante Gastgeberin ist Top-Sommelière Daniela Kramarić, die das Plavi Podrum seit über 25 Jahren leitet.

Tramerka

WEG VOM TRUBEL

A Andrije Mohorovičića 15
51410 Opatija/Volosko
T (+385 51) 70 17 07
W www.konoba-tramerka.com

Urige Konoba mit Gault-Millau-Haube in zweiter Reihe zum Hafen, in einer verwinkelten Seitengasse. Der Gastgarten auf dem gepflasterten Gässchen wurde aufgerüstet: Hier stehen jetzt fünf statt drei Tische. Auf der Speisekarte: geräucherter Schwertfisch, marinierte Sardinen, geschmorter Drachenkopf, Thunfischsteak in Sesamkruste, Adria-Muscheln, Ricottatarte mit Orangen. Auch dalmatinische Gerichte.

Plavi Podrum

Veranda

Blaue Stunde im Hafen von Volosko

Valle Losca

UNGEZWUNGENE ATMOSPHÄRE

A Andrije Štangera 2
51410 Opatija/Volosko
T (+385 95) 58 03 757

Uriges Wirtshaus mit Steinwänden, rustikalen Holzmöbeln und Zwei-Hauben-Bewertung im Gault-Millau. Ein absoluter Publikumssieger, oberhalb des Hafens von Volosko gelegen. Ein paar Tische drinnen und auf der Gasse draußen, viele Locals, dazu geschmackvolle istrische Küche.

Veranda

OSTERIA ÜBER DER BUCHT

A Andrije Mohorovičića 40
51410 Opatija/Volosko
T (+385 51) 87 51 89
W www.ostariaveranda.hr

Auf der stimmungsvollen, üppig mit Glyzinien bewachsenen Meeresterrasse geht einem das Herz auf. Dazu die raffinierten Fisch- und Meeresfrüchtegerichte auf bunten Tellern, und der Urlaub ist perfekt. Zwei Hauben.

Jakobsmuscheln vom Grill

Urlaubsfeeling in den eigenen vier Wänden? Ein Kinderspiel – mit dieser mediterranen Vorspeise. Jakobsmuscheln verfügen über festes weißes Fleisch mit einem orangefarbenen Corail. Der Rogensack hat einen intensiven Meergeschmack. Je nach persönlicher Vorliebe bleibt er beim Grillen in der Muschel oder wird entfernt.

SO GRILLT JOSEF JAKOBSMUSCHELN

1. Die Muscheln waschen, mit Olivenöl beträufeln und mit Knoblauch und Petersilie bestreuen.

2. Knappe 5 Minuten auf dem Rost bei nicht zu starker Hitze grillen, bis sie außen gar und innen glasig sind.

3. Mit Salz, Pfeffer und etwas Zitronensaft würzen.

ZUTATEN FÜR 4 PERSONEN

12 Stück Jakobsmuscheln
ca. 12 EL Olivenöl
1–2 EL Knoblauch, fein gehackt
1–2 EL Petersilie, fein gehackt
feines Meersalz
Pfeffer aus der Mühle
1 Zitrone, ausgepresst

TIPP

» Frisches Weißbrot und ein milder Weißkrautsalat dazu, etwas Malvasia im Glas, und der Urlaub zu Hause kann beginnen!

Bevanda

TRENDIG
MIT BEACHCLUB

A Zert 8
51410 Opatija
T (+385 51) 49 38 88
W www.bevanda.hr

Schick gestyltes Restaurant im 5-Sterne-Designhotel. Direkt am Meer erfreut die kreative Gourmetküche den Gaumen. Na Prost: Die Weinkarte umfasst 680 verschiedene Etiketten und über 200 Spirituosen. Dazu kommen eine lässige Bar, noble Zimmer und ein edler Beachclub.

Gastro World

UNTER EINEM DACH

A Maršala Tita 83
51410 Opatija
T (+385 51) 29 50 15
W www.amadriapark.com

Kulinarische Vielfalt im Hotel Gardenija. Das Café Continental, die Saft- und Champagnerbar, der Delikatessenladen Bokunić, die Osteria Da Ugo, die Bierbar (über 40 Craftbeer-Sorten) und die Schokoladenwelt bilden den gastronomischen Reigen der Gastro World.

Markthalle Opatija

REGIONAL EINKAUFEN

A Vjekoslava Spinčića 2
51410 Opatija

Das große, hellgelbe Gebäude im Zentrum ist nicht zu übersehen. In der Markthalle von Opatija bieten regionale Produzenten und Bauern der Umgebung Obst, Gemüse, Käse, Fisch und Fleisch zum Verkauf. Lebhaftes Treiben an den Wochenenden.

Bevanda

Gastro World

Ružmarin

REGIONALES & INTERNATIONALES

A Veprinački put 2
51410 Opatija
T (+385 51) 71 26 73
W www.restaurant-ruzmarin.com

Hinter dem Palace Hotel finden Gäste eines der beliebtesten Restaurants von Opatija. Ein lebhaftes Lokal, hier ist immer viel los. Die Küche ist breit aufgestellt, von traditioneller Regionalküche bis hin zu internationalen Ideen: Pasta, Steaks, Pizza, Burger, Meeresfrüchte, Fisch, Grillplatten. Ansprechendes Ambiente, Terrasse.

Café Wagner

WIENER KAFFEEHAUSFLAIR
MEERESTERRASSE

A Maršala Tita 109
51410 Opatija
T (+385 51) 20 20 00
W www.amadriapark.com

Was das „Sacher" in Wien, ist das „Wagner" in Opatija. Historisches, ehrwürdiges Kaffeehaus im Stil der k.u.k. Zeit – zu finden im Amadria Park Hotel Milenij. Von der weitläufigen Terrasse blicken Gäste auf das Meer, während das elegant gekleidete Servicepersonal eine Melange, Gugelhupf, Nusspotize, Torten, Eiscreme, Pralinen, Aperitifs und Champagner serviert.

Wien? Nein, Opatija. Kaffehauskultur vom Feinsten im Café Wagner.

Villa Ariston

HISTORISCHES AMBIENTE

A Maršala Tita 179
51410 Opatija
T (+385 51) 27 13 79
W www.villa-ariston.hr

Historische Villa südlich von Opatija, moderner Zeitgeist – eine großartige Kombination. Mit dem Sympathieträger Miro Šobot als Zwei-Hauben-Koch, genießen Feinschmecker die gehobene Gourmetküche mit viel Pep, Weitblick und Liebe zum Detail. Besonders fein: die elegante Meeresterrasse direkt über dem Lungomare.

Villa Ariston

Villa Ariston: der Geschmack des Meeres auf dem Teller

Konoba Oprtalj

KULINARISCHER HIMMEL

A Matka Laginje 17
52428 Oprtalj
T (+385 92) 29 90 516

Lese ich irgendwo „Toskana wie damals“, steigen mir die Grausbirnen auf. Eine leere und vielfach missverstandene Tourismus-Worthülse. Aber: Beim ersten Blick auf das kleine, entzückende Dorf Oprtalj denkt wirklich niemand etwas anderes – sanfte Hügel, Zypressenallee, Weinreben, Olivenbäume, historisches Gemäuer, romantische Gässchen, warme Farben, Campanile, charmant bröckelnde Fassaden – alles, was wir an der Toskana so lieben. Ein bezauberndes Kleinod in der Trüffelregion, zehn kurvige Kilometer nördlich von Motovun. Übersichtlich und kompakt. Keine Chance zum Verlaufen.
Sämtliche Wege führen im Herzen dieses Dorfes an der sympathischen Konoba Oprtalj vorbei. Die langen Holztische und Bänke vor dem Haus sind nicht zu übersehen. Vom Gastgarten fällt der Blick ins Grüne. Unter riesigen Kastanienbäumen rauscht der Wind durch, und ein paar Wölkchen ziehen auf. Lachen der anwesenden Gäste. Freundliche Gesichter des Servicepersonals. Patron, Inhaber und Koch Sandro Hrvatin erzählt uns vom Kalb, das seit den Morgenstunden in der Čripnja gart, und stellt eine Karaffe mit weißem Hauswein auf den Tisch. Butterzart kommt das Fleisch mit Kartoffeln, Lorbeer und geschmorten Tomaten auf den Tisch. Zuvor lassen wir uns handgeschnittenen Pršut, Speck, Wurst und Käse schmecken, wozu geröstetes Weißbrot gereicht wird. Außerdem auf der Speisekarte: Rührei mit Trüffeln, gegrillte Steinpilze und Koteletts, Gnocchi mit Wildragout. Jedem mundet es. Auch wir ziehen die Mundwinkel automatisch nach oben.
Wie aus dem Nichts zieht ein Unwetter auf. Zugegeben, die Wolken haben wir eine Zeitlang ignoriert. Starkregen setzt ein. Wir flüchten in die Konoba und machen es uns zwischen den Steinwänden und dem Feuer im Kamin gemütlich. Der Strom fällt aus. Kaffee bestellen wir später. Vor der Tür fließt binnen Minuten ein richtiger Fluss vorbei. Da kann jetzt niemand raus. Wollen wir eh nicht. Denn ich bekomme mein Lieblingsdessert serviert: Skuta mit Walnüssen, Eis, Honig und Zitrone. Meinetwegen kann da draußen die Welt untergehen: Ich bin im kulinarischen Himmel.

Konoba Oprtalj

Weinbar Ipša

Vela Vrata

ESSKULTUR

A Beram 41
52000 Pazin
T (+385 91) 78 14 995

Unzählige Besucher zieht es in das Dorf Beram bei Pazin. Schließlich wollen sie alle die weltberühmten Totentanzfresken von 1474 sehen. Der Künstler ist kein Unbekannter: Vincent von Kastav. Ein kultureller Höhepunkt Istriens, zu finden in der Wallfahrtskirche „Maria im Fels“ beim Friedhof.

Auch uns zieht es jedes Jahr nach Beram. Allerdings wegen der grandiosen Küche der Konoba Vela Vrata. Dieses sehr beliebte Lokal (bitte unbedingt reservieren) liegt am Dorfeingang auf dem Hügel. Dort fällt einem als Erstes die überdachte Terrasse mit dem schönen Blick ins Grüne auf. Hier nehmen wir voller Vorfreude Platz.
Die Konoba folgt der istrischen Tradition, die sich im Speisenangebot bestens widerspiegelt: eine authentische Regionalküche mit erstklassiger Produktqualität. Als Vorspeisen locken Pršut, gegrillter Käse und Rindscarpaccio, danach gibt es Pasta der Saison – mit Wildspargel, Pilzen oder Trüffeln. Die Gerichte sind einfach, aber virtuos. Das Feuer bzw. die Glut im Kamin wird fleißig genutzt: Dort brutzeln über dem Rost saftige Steaks, Koteletts und Würstel. Gewürzt mit einer Prise Meersalz, ein wenig Pfeffer und einem Schuss Olivenöl, werden sie zum Genuss für Fleischtiger. Zum Abschluss servieren die bezaubernden Mitarbeiterinnen Topfentorte, eine fruchtige Tarte oder cremige Panna cotta. Die Totentanzfresken? Die sehen wir uns das nächste Mal an.

*Wein

Weinbar Ipša

ORANGE WINE & OLIVENÖL
GEGENÜBER DER LOGGIA

A Matka Laginje 7a
52428 Oprtalj
T (+385 91) 20 60 538
W www.ipsa-maslinovaulja.com

Ein gemütliches Plätzchen für ein feines Gläschen Wein: die hübsche kleine Weinbar der Familie Ipša gegenüber der Loggia im Herzen von Oprtalj. Ausgezeichnete Orange Wines (Malvasia, Sivi Pinot, Santa Elena – Cuveé aus Refošk und Merlot) mit einem gigantischen Farb-, Duft- und Geschmacksspektrum. Zum Bio-Wein schnabuliert man istrischen Schinken, Käse und Wurst. Alle Weine zum Ab-Hof-Preis, ebenso das exzellente Olivenöl.

Vela Vrata

Agroturizam Ograde

DER GESCHMACK DER KINDHEIT

A Lindarski Katun 60
52000 Pazin
T (+385 52) 69 30 35
W www.agroturizam-ograde.hr

Unser Gaumen vergisst nichts. Wir essen etwas, und plötzlich weckt der Geschmack eine Erinnerung, als hätte er einen fixen Platz in unserem Gedächtnis. So geht es mir, wenn Davorka Šajina ihre Čripnja aufmacht und das saftige Huhn mit den geschmorten Kartoffeln zum Vorschein kommt. Allein der herrliche Duft versetzt mich in meine unfassbar schöne Kindheit im steirischen Sulmtal – die Heimat der berühmten „Sulmtaler Hühner". Sonntags gab es eine „aufgesetzte Henne": ein Huhn auf Kartoffelscheiben gesetzt, mit Lorbeer gespickt, mit Bouillon aufgegossen und in den Ofen geschoben. Im Unterschied zum istrischen Huhn war das steirische allerdings mit Semmelmasse gefüllt.

Der Agroturizam-Betrieb Ograde ist ein magischer Ort für fantastisches Slow Food, ein ruhig gelegener Bauernhof mit vielen Tieren und einem großen Garten. Wenn man bei Davorka essen möchte, ruft man sie einfach an und fragt, ob es einen freien Platz gibt. Sie betreibt keine À-la-carte-Konoba, sondern kocht für ihre Agroturizam-Gäste, die in den zwei schönen Ferienhäusern (mit Swimmingpool) auf der weitläufigen Anlage Urlaub machen. Ist etwas frei, kann man einfach zum Essen in das hübsche Steinhaus dazukommen. Davorka ist eine Botschafterin des istrischen Geschmacks: Es gibt selbstgebackenes Brot, handgeschnittenen Rohschinken, Käse aus der Umgebung, eine kräftige Maneštra mit Gartengemüse, ja sogar die seltene Bukaleta (istrische Weinsuppe) wird gereicht. Legendär sind die Würstel mit Kraut, Ombolo mit Polenta und die saftigen Fleischgerichte aus der Čripnja. Ein absoluter Höhepunkt ist die selbstgemachte Pasta: Fuži und Pljukanci. Davorka zeigt in Kochkursen gerne, wie sie die Nudeln herstellt. Oder wie sie mürbe Cukerančići bäckt – das traditionelle Festtagsgebäck der Region. Dann duftet das ganze Haus nach frischgebackenen Keksen und feinem Staubzucker. Und schon taucht sie wieder auf: die Erinnerung an die Kindheit. Denn plötzlich duftet es nach Weihnachten.

Eine der authentischsten Adressen Istriens: der landwirtschaftliche Betrieb Ograde

Die bekannte Schlucht von Pazin

Pisinium

FLEISCHESLUST

A Stjepana Konzula Istrijana 9
52000 Pazin
T (+385 52) 68 81 30
W www.pisinium.hr

Mindestens zwölf Monate reift der luftgetrocknete Rohschinken. Auch Salami, Speck, Schweinskarree, Osso Collo, Trockenwürstel.

Taste Istria

REGIONALE PRODUKTE

A Prilaz Kaštelu 3
52000 Pazin
T (+385 91) 56 37 347

Sehr geordneter kleiner Laden im Zentrum von Pazin mit Spezialitäten aus Zentralistrien: Wein, Honig, Olivenöl, Trüffelprodukte, Edelbrände, Marmelade.

Agroturizam Ograde

Die Feiertage auf der adriatischen Halbinsel duften nach Zucker, Butter, Nüssen und Äpfeln. Mit viel Liebe wird das süße Erbe gepflegt. Spannend sind die regionalen Unterschiede beim Backen.

La Casa di Matiki, S. 144

1. Povitica/Potica. Istrisches Feiertagsgebäck: gerollter Germteig mit verschiedenen Füllungen aus Walnüssen, Haselnüssen oder Mohn.

2. Fritule. Eine Art „gebackene Mäuse“ oder kleine Krapfen. Früher wurden sie in der Faschingszeit gereicht, jetzt bekommt man Fritule das ganze Jahr über auch an Straßenständen. Rezept auf Seite 127.

3. Kroštule/Hroštole. Die goldgelb-frittierten, mit Staubzucker bestreuten Teigschleifen sind an der gesamten Adriaküste bekannt.

4. Pazinski Cukerančići. Sehen aus wie zusammengewachsene Vanillekipferln und werden in Malvasia getaucht. Die Kekse stammen aus Zentralistrien rund um Pazin und werden als „Immaterielles Kulturerbe der Republik Kroatien“ geführt.

5. Süßes Brot. Ob wunderschön verziertes Weihnachtsbrot oder Osterpinzen: Süßes Brot gehört an Feiertagen auf den Tisch.

Istriens süße Seite

Pazinski Cukerančići, eine
Spezialität aus Zentralistrien

6. Grenzenlos naschen. Italienische Desserts wie Panna cotta, Tiramisu und Millefoglie finden sich überall auf den istrischen Speisekarten. Ebenso Palatschinken und Cremeschnitten aus der österreichisch-ungarischen Tradition. Rund um Opatija zeigt sich die Mehlspeisenkultur ganz besonders als Erbe der k.u.k. Zeit: in Form hoher Torten, feiner Strudel und Gugelhupf.

7. Regionale Besonderheiten. Machen die süße Seite der Halbinsel besonders wertvoll: zum Beispiel die „Labinski Krafi" im Osten Istriens – süße Teigtaschen. Oder die „Bumbarska Torta", eine traditionelle Mandeltorte aus Vodnjan. Köstlich: Feigenbrot und Kastaniendesserts am Kvarner.

Konoba Daniela

EIN TATAR ALS GASTRONOMISCHE IKONE

A Veleniki 15a
52440 Poreč
T (+385 52) 46 05 19
W www.konobadaniela.com

Eigelb, Zitronensaft, Essig, Senf, Salz, schwarzer Pfeffer, Paprikapulver, Tomatensauce, Petersilie, Kapern, Olivenöl, Zwiebel, Essiggurkerl, Chili, Knoblauch, Tabasco, Cognac und natürlich fein gehacktes Rindfleisch. Sie ahnen vielleicht, welches Gericht gerade an unserem Tisch zubereitet wird? Beef Tatar. Für das legendäre Beef Tatar der Konoba Daniela reisen Gäste aus ganz Istrien an. Das ist nämlich eine gastronomische Ikone und viel mehr als ein Signature Dish. Mooooment! Eine Zutat habe ich vergessen. Lassen Sie mich überlegen.

Vier Kilometer vor Poreč im kleinen Dorf Veleniki steppt der Bär. Ich glaube nicht, in diesem großen Lokal jemals einen freien Sitzplatz gesehen zu haben. Weder im schönen Innenhof mit den Arkaden, Olivenbäumen, Weinfässern und der Zisterne noch in der gemütlichen Konoba mit der offenen Feuerstelle. Trotz der trubeligen Atmosphäre wird das Tatar für jeden Gast nach den eigenen Vorlieben zubereitet, und zwar ratzfatz und sehr professionell. Das zackige Servicepersonal und auch die Chefleute sind in glänzende Gilets gewandet – schwarze Hose, weißes Hemd, die Kellnertasche baumelt an der Hüfte. Eine Reminiszenz an frühere Zeiten, heute würde man „retro" dazu sagen. Auf den Tellern und Platten ist recht viel los, denn in der bodenständigen Konoba gibt es alles, was Urlauber und Einheimische gerne essen: gegrillte Calamari, Fischfilets mit Mangold, Koteletts mit knusprigen Kartoffeln, gemischte Muscheln, Gnocchi mit Ragout, Scampirisotto, Trüffelpasta, Pfeffersteak oder Grillplatten mit Ćevapčići und Ajvar. Sehr zu empfehlen: der Drachenkopf aus dem Ofen. Dazu ein einfacher Hauswein aus der Karaffe. Zum süßen Abschluss setzt man auf Zwetschkenknödel, Palatschinken, Fritule und Schokoladekuchen.

Mir ist in der Zwischenzeit eingefallen, welche Zutat im bekannten Daniela-Tatar fehlt. Ihnen auch? Wer sie errät, dem spendiere ich zwei Gläschen Malvasia in meinem Restaurant im Kärntner Bad St. Leonhard.

Konoba Daniela

*Wein

Agrolaguna

WEIN, KÄSE, OLIVENÖL

A Mate Vlašića 34
52440 Poreč
T (+385 52) 45 31 79
W www.olistria.com.hr
W www.agrolaguna.hr

Bekannter Käse- und Weinhersteller sowie der größte Olivenölproduzent Kroatiens.

Arman Grill

FÜR FLEISCHTIGER

A Mlinska 1, Tržnica Poreč
52440 Poreč
T (+385 98) 25 43 88
W grill-arman-porec.eatbu.hr

Ein Paradies für Fleischtiger: Steaks in unterschiedlichen Reifestadien und Cuts, originale Ćevapčići in der Pita, Mittagsmenüs. Das erstklassige Fleisch stammt aus der eigenen Metzgerei. Am Markt von Poreč.

Artha

VEGANE GAUMENFREUDEN

A Jože Šuran 10
52440 Poreč
T (+385 52) 43 54 95

Gute Adresse für Vegetarier und Veganer, im Osten der Stadt. Unkomplizierte Bistroatmosphäre. Hier munden Kichererbsensalat, knackig gebratene Pilze, gegrillte Auberginen, Gerichte mit Seitan und Tofu oder Fladenbrot mit Hummus. Vegane Kuchen und Brot.

Arman Grill

*Wein

Bacchus

GUTE-LAUNE-WEINBAR

A Eufrazijeva 10
52440 Poreč
T (+385 91) 40 40 051
W bacchus-porec.eatbu.hr

Am Anfang der Eufrazijeva-Straße in der Altstadt liegen mehrere Weinbars. Vor allem beim Bacchus herrscht ausgelassene, fröhliche Stimmung. Zu den guten Tropfen im Glas reicht die Gastgeberfamilie istrische Tapas wie Käse, Pršut und Oliven. Auch warme Speisen.

Bura Brew

CRAFTBEER

A Mate Vlašića 26/19
52440 Poreč
T (+385 91) 60 14 006
W www.burabrew.hr

Handwerklich geführte Brauerei im Osten der Stadt. Ein Architekt, ein Rechtsanwalt und eine Geisteswissenschaftlerin bilden ein spannendes Start-up und brauen seit 2016 sieben Sorten Bier (manche als Limited Edition). Verkostungen und Einkauf direkt vor Ort.

Ćakula

UNKOMPLIZIERT
IN DER ALTSTADT

A Vladimira Nazora 7
52440 Poreč
T (+385 52) 42 77 01
W www.konobacakula.com

Legere Konoba in der Altstadt. Weiße Holzbänke auf der Gasse, drinnen nettes Ambiente im Vintagelook. Zu empfehlen sind das Branzinocarpaccio mit Orangen-Grapefruit-Filets und Kresse, die Lammkronen oder das Thunfischsteak mit geschmortem Gartengemüse sowie die Pappardelle mit Trüffeln.

Bura Brew

*Wein

Casa Manzolin Wine & Food

ZEITGEMÄSSES WEINLOKAL

A Eufrazijeva 16
52440 Poreč
T (+385 99) 48 54 596
W www.casamanzolin.com

Stylishes und gemütliches Weinlokal der Winzerfamilie Poletti im Norden von Poreč, unweit der Basilika. Stimmungsvolle Terrasse, lässige Weinbar und eine kontinental-mediterrane Bistroküche. Natürlich trinken wir die fabelhaften Poletti-Weine, aber es gibt auch weitere Top-Winzer im Programm. Eine Bereicherung.

Chili Fusion Streetfood

ASIA TRIFFT ADRIA

A Ribarski trg 1
52440 Poreč
T (+385 99) 21 32 920

Angesagte Streetfood-Adresse als Publikumshit. Exotische Frühlingsrollen, bunte Bowls (grünes Curry, Huhn, Rind, Thunfisch etc.), Wraps und Sushi, und fast überall ist Sesam drauf.

Hrast

BLICK AUF POREČ

A Nikole Tesle 13
52440 Poreč
T (+385 52) 43 37 97
W www.restoranhrast.eu

Gute Aussichten! Im Hrast nehmen Gäste auf der fein gedeckten Meeresterrasse mit Blick auf die Altstadt von Poreč Platz. Die mediterrane Küche zeigt viel Feingefühl für Geschmack und Ästhetik. Schwerpunkt: Fisch und Meeresgetier.

Casa Manzolin Wine & Food

Hrast

*Eis

Il Gelato di Salvatore

COOLE SACHE

A Svetog Eleuterija 3
52440 Poreč
T (+385 91) 95 46 379

Gute Eisdiele im Herzen der Altstadt. Pierluigi Salvatore kreiert spannende Sorten: neben Klassikern wie Pistazie und weiße Schokolade gibt es auch Teraneis, Sachertorteneis, Biereis oder auch eine Eissorte, die „Istrien" heißt: aus Eselsmilch, mit Olivenöl, Haselnüssen, Trüffel und Honig.

La Pentola

BISTRO AM MEER

A Nicole Tesle 25
52440 Poreč
T (+385 99) 54 75 632
W www.valamar.com
www.trattorialapentola.com

Schickes, weitläufiges Bistro am Stadtstrand zwischen Pinien gelegen – einen Kilometer nördlich von Poreč. Italienisch inspiriertes Trendfood und eine große Auswahl an Craftbeer. Gehört zum kulinarischen Portfolio der Valamar-Hotels. In Istrien können Gäste noch zwei weitere „La Pentolas" besuchen: in Tar-Vabriga und in Rabac.

Peterokutna kula

KULINARIK IM TURM

A Decumanova ulica 1
52440 Poreč
T (+385 91) 30 35 644
W www.kula-porec.com.hr

In dem fünfeckigen historischen Wehrturm kommt neben regionalen Klassikern und internationalen Ideen ein buntes Potpourri an Besonderheiten auf die Teller: Trüffel, Seeigel, Wagyu oder Schnecken in Weißweinsauce. Geschlemmt wird auf verschiedenen Ebenen im Turm und auch auf der aussichtsreichen Dachterrasse.

La Pentola

Spinnaker

Spinnaker

FÜR GOURMETS

A Obala Maršala Tita 15
52440 Poreč
T (+385 52) 40 08 04
W www.valamar.com
W www.restaurantspinnaker.com

Elegantes Aushängeschild des Hotels „Riviera" mit bezaubernder Meeresterrasse und mediterranem Zeitgeist. Fine Dining (zwei Hauben), basierend auf Fisch und Fleisch. Freundliche, kompetente Weinberatung. Internationales Publikum.

Sveti Nikola

AN DER PROMENADE

A Obala Maršala Tita 23
52440 Poreč
T (+385 52) 42 30 18
W www.svnikola.com

Bekannte Gourmetadresse in sensationeller Lage an der Promenade – mit herrlichem Blick auf das Meer und noble Jachten. Ein Treffpunkt des sommerlichen Jetsets: Fußballer, Schauspielerinnen, Politiker und Reality-Stars geben sich ein Stelldichein. Der Gastronom Nikola Bijelić ist ein leutseliger Wirt, spricht perfektes Deutsch und zeigt sich immer aktiv um den Gast bemüht. Gehobene Küche, basierend auf authentischen Produkten – die Gerichte versprühen Raffinesse. Großartige Weine.

Exquisite Adresse für Feinschmecker: das Spinnaker

Sveti Nikola

*Wein

Torre Rotonda

TURM-TERRASSE

A Narodni trg 3a
52440 Poreč
T (+385 98) 25 57 31
W www.torrerotonda.com

Café, Cocktailbar, Besuchermagnet. Poreč-Gäste treffen sich auf der Dachterrasse des runden mittelalterlichen Turms auf einen Sundowner. Wunderschöner Ausblick auf das Meer, die Insel Sveti Nikola und die Altstadt.

Tunaholic Fish Bar

ISTRISCHES STREETFOOD

A Svetog Eleuterija 6
52440 Poreč
T (+385 91) 44 31 235
W www.tunaholic.hr

Für den Hunger zwischendurch: Thunfischburger, Fritto Misto, Fish & Chips, Haiburger, gebackene Rotbarben, Calamari. In der Mitte der Decumanus-Straße. Wenige Sitzplätze. Eine Tunaholic Fish Bar gibt es auch in Rovinj.

Wine Corner

TREFFPUNKT FÜR ALLE

A Eufrazijeva 3
52440 Poreč
T (+385 98) 16 32 227

Dieses gesellige Plätzchen teilen sich Einheimische und Urlauber. Man darf sich von den knalligen Essensfotos am Eingang nicht abschrecken lassen. Die treue Fangemeinde schwört auf istrisches Fingerfood, kalte Platten, Salate und bunte Cocktails.

Torre Rotonda

Tunaholic Fish Bar

Damjanić

*Wein

Damjanić

MODERNE WEINKULTUR

A Fuškulin 50
52440 Poreč
T (+385 52) 65 41 20
W www.damjanic-vina.hr

Auf glühend roter Erde gedeihen Malvasia, Chardonnay, Gelber Muskateller, Merlot, Borgonja und Teran. Die breite Sortimentspalette kann in professionell kommentierten Weinverkostungen probiert werden. Sehr sympathischer Betrieb mit spannender Geschichte.

Mića

GUTES VOM ROST

A Fuškulin 47
52440 Poreč
T (+385 52) 44 46 46

Familiengeführtes Gasthaus im Grünen zwischen Poreč und Funtana. Authentische istrische Küche mit klassischen Gerichten. Fisch, Meeresgetier und Fleisch vom Holzgrill oder aus der Čripnja. Schöner Blick von der Terrasse ins Grüne bis ans Meer.

Vodnjanka

WOHLFÜHL-KONOBA

A Dinka Vitezića 4
52100 Pula
T (+385 98) 17 57 343

Es gibt sie – die Orte, an denen sich alle wohlfühlen. Die Vodnjanka von Moris Civitico ist so einer. Vor allem mittags sitzen zwischen dottergelb gestrichenen Wänden Damen im Business-Kostüm, Arbeiter in Latzhosen, Touristen in T-Shirts, Kinder, Opas, Studenten und die Trippolts aus dem Kärntner Lavanttal. Kurzum: ein kunterbuntes Publikum. Diese gesunde Mischung verhindert, dass aus dem Lokal eine kurzlebige Trendadresse wird. Das ist hier jedoch gar nicht möglich, denn die beliebte Konoba am Stadtrand von Pula gilt seit Jahrzehnten als kulinarischer Fixstern. Selbst wenn der britische Starkoch Gordon Ramsay hier einkehrt, ist er von der Bodenhaftung und den geschmackvollen Gerichten nach Ginas Rezepten begeistert – gute istrische Küche ohne viel Firlefanz. Legendär: die Sardinen in Saor oder die Gnocchi mit Wildragout. Die faschierten Laibchen mit Kartoffeln und der saftige Zwiebelrostbraten erinnern an die österreichische Küche, die Steaks vom Seeteufel, der Brodet mit den Fischfiletstücken und die Meeresfrüchtepasta zeigen die mediterrane Tradition. Als süße Draufgabe schmecken die hausgemachten Kuchen, Panna cotta oder Palatschinken. Der Weinkeller ist bestens bestückt, und der Innenhof verströmt gemütliches Flair – mit weißen Stoffsegeln und einem vertikalen Garten in Form von Topfpflanzen.

Vodnjanka

Amfiteatar

TELLER, WIE GEMALT

A Amfiteatarska 6
52100 Pula
T (+385 52) 37 56 00
W www.hotelamfiteatar.com

Fröhlich essen. Die Gerichte lachen in allen Farben. Der etablierte Spitzenkoch Deniz Zembo gilt als das „Enfant terrible" der istrischen Küche. Seine Teller präsentiert er schräg, verrückt und kunterbunt – wie moderne Bilder. Unzählige Aromen und unterschiedlichste Konsistenzen vereinen sich zu einem spannenden Spiel. Einen Steinwurf von der Arena entfernt. Zwei Hauben. Top: Kochkurse und Workshops in der Kochakademie.

*Wein

Boca Bar

WEIN & JAZZ

A Kandlerova 34
52100 Pula
T (+385 52) 38 23 90
W www.boca-bar.net

Lässige Weinbar zwischen Kastell und Riva. Geballtes Weinwissen, im Sommer jede Woche Live-Jazz. Eine sehr gesellige Adresse mit gechillten Vibes, supersympathischen Gastgebern und istrischen Tapas. Auch Craftbeer und istrische Gin-Cocktails.

Boccaporta

KULINARISCHER EVERGREEN

A Dolinka 18
52100 Pula
T (+385 52) 50 62 66

Liebenswerte, familiäre Konoba mit bodenständiger Küche. Die Ricottatortelli mit Capesante, Scampi und Trüffeln sind ein Gedicht, ebenso die Rindsbackerln in feiner Teransauce. Lamm, Kalb, Steinbutt und Oktopus kommen butterzart aus der Čripnja oder aus dem Ofen. Hausgemachtes Brot, viel Pasta. Man sitzt in der gemütlichen Gaststube oder auf der netten Terrasse.

Amfiteatar

Boca Bar

Café Cvajner

KUNSTCAFÉ AM FORUM

A Forum 2
52100 Pula
W (+385 52) 21 65 02

Das bekannteste Kaffeehaus der Stadt. Bar, Café und Galerie in einem. Die Ausstellungen wechseln während des Jahres. Gemütliches Interieur mit Fauteuils und großen Zimmerpflanzen, der Blick wandert automatisch zu den freigelegten historischen Fresken. Draußen sitzt man vis-à-vis des Augustustempels direkt am Forum.

Farabuto

BISTRO-RESTAURANT

A Sisplac 15
52100 Pula
T (+385 52) 38 60 74
W www.farabuto.hr

Zelebrierte Gastfreundschaft, etwas abgelegen in einem Wohngebiet. Ein Muss ist der verspielte Vorspeisenteller mit Köstlichkeiten aus dem Meer. Optisch und geschmacklich ein absoluter Höhepunkt. Exzellent: frittierte Garnelen, Tomatensuppe, gemischte Muscheln, Risotto mit Meerspinne, Filschfiletspießchen auf Parmesanpolenta, Ossobuco. Sehr nette überdachte Terrasse.

Lanterna

RESTAURANT, WEINBAR
TAPAS

A Pješčana uvala, Ogranak V/1
52100 Pula
T (+385 52) 39 70 72
W www.lanternapula.com

Zwischen Pula und Banjole, nicht weit vom Strand entfernt, finden Genießer eine Welt für sich: ein Restaurant mit gehobener mediterraner Küche und einer der exzellentesten Weinkarten der Halbinsel.
Im Erdgeschoß: die elegante Wein- und Tapasbar. Ein sehr beflissenes Haus. Die gastronomischen Profis sind mit viel Leidenschaft am Werk.

Epulon

ISTRISCHES SOULFOOD

A Epulonova 4
52100 Pula
T (+385 98) 94 99 023
W epulon-food-wine.business.site

Modernes Lokal im Industriedesign. Ein Publikumssieger mit istrischem Soulfood. Uns gefallen die gute Weinauswahl und die legere Atmosphäre.

Markthalle Pula

Markthalle Pula

KULINARISCHES ERLEBNIS

A Narodni trg 9
52100 Pula
W www.trznica-pula.hr

Lebhaft, unbeschwert und übermütig genussvoll. Die historische Markthalle im Zentrum von Pula galt immer schon als der kulinarische Hotspot Istriens. Eine imposante Jugendstilkonstruktion aus Stahl und noch mehr Glas beherbergt über 60 verschiedene Läden. Im Erdgeschoß findet man den Fischmarkt und die Fleischhallen, im ersten Stock locken Cafés, Imbisse, Restaurants, Bars, Bäckereien und Delikatessengeschäfte. Auf dem Grünmarkt im Freien türmen sich Trüffelgläser, Feigenkränze, Strohblumen, Steinpilze, Schinken, Würste, Wein und Käse. In letzter Zeit entdeckt die Streetfood-Szene den Markt und sorgt für eine Eröffnung nach der anderen.

Milan

ZEITLOS GUT

A Stoja 4
52100 Pula
T (+385 52) 30 02 00
W www.milan1967.hr

Hotel, Zwei-Hauben-Restaurant, Vinothek. Seit über 50 Jahren führt Familie Matić dieses elegante und zeitlose Haus. Die gehobene Meeresküche mundet stets aufs Neue: Meerspinne, marinierte Blaufische, Scampi crudo, Hummer, der Fang des Tages. Himmlische Desserts vom Kuchenwagen.

*Olivenöl

Museum Olei Histriae

WISSENSWERTES & VERKOSTUNGEN

A Istarska 30
52100 Pula
T (+385 52) 66 12 35
W www.oleumhistriae.com

Hochinteressant, modern, informativ. Nur 50 Meter von der Arena entfernt erfahren Olivenöl-Liebhaber alles rund um das „flüssige Gold". Spannende Aufbereitung der Geschichte der Olivenölproduktion, kommentierte Verkostungen, toller Laden mit Olivenölen von 25 renommierten Produzenten aus Istrien.

Museum Olei Histriae

Oasi

ELEGANTE KLASSIK

A Pješčana uvala 10–12a
52100 Pula
T (+385 52) 39 79 10
W www.oasi.hr

Im Restaurant des Boutiquehotels Oasi mischen sich gerne Einheimische unter die Hotelgäste. An Tischen mit schönen Rosenbouquets auf seidig glänzender Tischwäsche sitzen elegante Menschen mit einem Gläschen istrischem Winzersekt in der Hand. Regionale und internationale Gerichte ergänzen die stimmungsvolle Atmosphäre. In der Pješčana-Bucht gelegen, einem eher ruhigen Stadtteil von Pula.

Pomaj Gelato & Bar

*Eis

LIFESTYLE-EISDIELE

A Istarska 38
52100 Pula
T (+385 97) 60 91 198

Gefrorenes als Lifestyle. Mit spannenden Eissorten: Salzkaramell, Lavendel, Milch mit Olivenöl, Bitterschokolade, Himbeer-Stracciatella. Auch Snacks, Törtchen, Sorbetti, istrische Top-Weine, Craftbeer, Cocktails und Kaffee. Unweit der Arena.

Ribarska Koliba

FINE DINING
IM JACHTHAFEN

A Verudela 16
52100 Pula
T (+385 91) 60 01 269
W www.ribarskakoliba.com

„Ribarska Koliba" heißt übersetzt Fischerhütte. Eine solche ist das aber nicht. Bereits zur Zeit der Monarchie bekamen Gäste frische Calamari und Muscheln serviert. Heute strahlt das Haus als 4-Sterne-Boutiqueresort in Bestlage mit Lounge-Bar und Gourmetküche. Tolle Aussicht von der Terrasse über den Jachthafen. Circa drei Kilometer vom Stadtzentrum entfernt.

Gleich hinter dem Sergier-Bogen: das Café Uliks

Café Uliks

BEIM TRIUMPHBOGEN

A Trg Portarata 1
52100 Pula
T (+385 52) 21 91 58

Tagsüber feine Kaffeehausadresse in Bestlage direkt beim Triumphbogen. Am Eingang ist die Bronzestatue des Schriftstellers James Joyce, der in Pula gearbeitet und dem man hier ein Denkmal gesetzt hat, nicht zu übersehen. Der Name des Cafés „Uliks“ heißt übersetzt „Ulysses“, nach dem Hauptwerk des Autors. Am Abend geht die Post ab: DJs legen auf, Aperitifgläser klirren, es wird gefeiert.

Valli Fine Bistro

MEDITERRANE FUSIONSKÜCHE AUF DER MOLE

A Riva 1
52100 Pula
T (+385 91) 22 33 660
W valli-fine-bistro-restaurant-pula.business.site

Edles Bistro auf der Mole der ACI Marina. Allein die gigantische Aussicht auf Arena, Meer, Boote und Stadt ist einen Besuch wert, vor allem am Abend, zur blauen Stunde, wenn die Lichter zu funkeln beginnen. Mediterrane Fusionsküche mit istrischen Grundprodukten in bunter Umsetzung.

Veritas

SCHÖNER STANDORT GUTE WEINE

A Maksimijanova 14
52100 Pula
T (+385 97) 65 63 627

Eine ungezwungene Konoba im zeitgenössischen Stil als Publikumshit im Südwesten der Altstadt. Gegenüber der kleinen Kirche „Maria Formosa“. Man nimmt rund um das historische Eckhaus im Gastgarten oder auf der gepflasterten Gasse Platz. Nur im Sommer geöffnet. Sehr gute Weinkarte.

Unglaublich schöner Blick vom Valli Fine Bistro auf den Hafen und die Arena von Pula

Batelina

ERFOLGSREZEPT FAMILIE

A Čimulje 25
52100 Banjole
T (+385 52) 57 37 67

Vater und Sohn als erfolgreiches Duo in der Küche. Beide tragen Bart. Der Senior sieht aus wie ein Kuschelbär, der Junior liebt Sport. Der Vater perfektioniert die traditionellen Geschmäcker, der Sohn setzt sie kreativ um. Kommt Ihnen diese Geschichte bekannt vor? Es scheint unsere eigene zu sein, die der Familie Trippolt. Schließlich haben mein Schwiegervater Josef und mein Mann Seppi als Spitzenköche über zwei Jahrzehnte erfolgreich zusammen an einem Herd gearbeitet.
In diesem Fall ist es auch die Geschichte von Danilo und David Skoko aus Banjole. Ihre traditionelle Konoba gehört zu den besten des Landes. Wobei das Wort „Konoba" wirklich tiefstapelt – Familie Skoko bietet ein paar Kilometer südlich von Pula eine faszinierende, kreative Meeresküche, die ihresgleichen sucht. Zwei Hauben gibt's dafür von Gault-Millau. Die ganze Familie arbeitet am Gelingen mit: die einen im Hintergrund, die anderen im Vordergrund. Sohn David gilt als Superstar unter den istrischen Köchen: ein charismatischer Sympathieträger, der Titelseiten ziert, aus TV-Sendungen bekannt ist und sich als Aushängeschild der mediterranen Küche international einen Namen gemacht hat. Welch einen Kontrast bildet das traditionelle Ambiente seiner Konoba, wähnt man diesen hippen Trendsetter doch eher in einem schicken Designrestaurant. Doch gerade in der spannenden Verbindung aus Tradition und Moderne liegt das Bemerkenswerte. Dieses gelungene Miteinander sieht man auf jedem Teller. Der Vorspeisenreigen ist eine Hommage an das Meer und seine Gaben: marinierte Rotbarben, Sardinen in Saor mit Schalotten und Rosinen, knusprige Sardellen, Haileber-Pâté, krosse, hauchdünne Doradenhaut, Bonito- und Branzinotatar, Meerspinne. Die gemischten Muscheln (Arche-Noah-Muscheln, Herzmuscheln, Miesmuscheln, Pilgermuscheln) sind ein Gedicht, die Tomatenravioli mit Thunfisch zum Niederknien. Als Hauptspeise wählen wir einen Steinbutt. Klassisch, mit ein paar Ofenkartoffeln und Gartengemüse. Beste Qualität, geradlinig zubereitet. Als Dessert bestellen wir einfach die Rotbarbe der Vorspeisen noch einmal. Wir konnten nicht genug davon bekommen. Und dazu reservieren wir gleich noch einen Tisch für morgen, damit der Genuss in die Verlängerung gehen kann.

Fischer, Spitzenkoch und Medienstar: David Skoko vom Batelina

Nostromo

IM ZENTRUM

A Obala Maršala Tita 7
52221 Rabac
T (+385 52) 87 26 01
W www.nostromo.hr

In einem trubeligen Touristenort wie Rabac ist es nicht einfach, das Gute zu finden. Das Nostromo im Zentrum bietet eine tadellose Meeresküche, gute Pastagerichte und Herzhaftes mit Fleisch. Gemütliche Zimmer im Hotel.

*Olivenöl

Olea B.B.

INTERNATIONALES SPITZENÖL

A Creska 34
52221 Rabac
T (+385 98) 90 92 523
W www.oleabb.hr

Langjährige Tradition, erstklassige Qualität. Im edlen Kreise der drei renommiertesten Olivenölproduzenten Istriens strahlt Familie Belić als Fixstern. Sagenhafte 14 verschiedene Olivenöle können in der modernen Oleothek in Rabac verkostet werden.

Rabac

Olea B.B.

Agli Amici

Agli Amici

GRENZENLOSE STERNEKÜCHE

A Šetalište Vijeća Europe 1-2
52210 Rovinj
T (+385 52) 64 20 84
W www.maistra.com

Von Friaul-Julisch Venetien nach Rovinj. Die bekannte italienische Gastronomiefamilie Scarello vom gleichnamigen Agli Amici bei Udine hat im Grand Park Hotel ein zweites Gourmetrestaurant eröffnet. Von der Meeresterrasse eröffnet sich ein atemberaubender Blick auf die Altstadt, den Jachthafen und die Katharinen-Insel. Es ist schon sehr exklusiv und spannend, was der renommierte Sternekoch Emanuele Scarello auf die Teller zaubert. Drei Menüs gibt es zur Auswahl: eines mit Klassikern der Agli Amici-Küche aus Godia, eines als Hommage an Istrien und dessen kulinarische Besonderheiten (Boskarin, Skuta, Lamm) sowie eines im Zeichen des Adriastädtchens Rovinj (Fisch, Meeresfrüchte). Einen Teil des Jahres verbringt Scarello mit seinem Team in Istrien, einen Teil in Italien.
Das Grand Park Hotel beherbergt nicht nur das Agli Amici, sondern auch das spektakuläre Gourmetrestaurant Cap Aureo. Bei zwei so tollen Restaurants fällt die Auswahl besonders schwer.

Monte

STERNE UNTER DER KATHEDRALE

A Montalbano 75
52210 Rovinj
T (+385 52) 83 02 03
W www.monte.hr

Edles Besteck, gestärkte Tischtücher, feine Glaskultur und Michelin-Stern-Bewertung lassen einen automatisch zum besten Kleid greifen. Das Monte ist und bleibt eines der spannendsten Restaurants Kroatiens, das jene begeistert, die ein aufregendes kulinarisches Abenteuer suchen. Küchenchef Danijel Đekić agiert immer souverän und findet mit spielerischer Leichtigkeit die richtige Balance zwischen Avantgarde und istrischer Tradition. Mit dem Nachwuchs im Betrieb und seiner scharfsinnigen, supersympathischen Frau Tjitske an der Seite zieht der Gourmet-Hotspot unter der Euphemia-Kathedrale internationales Publikum an. Zur Auswahl stehen drei Menüs, die nach Farben geordnet sind. Das blaue Menü beginnt mit viel Fisch und feinen Meeresfrüchten (geräucherter Thunfisch, krosse Sardellen, Kvarner Scampi, Seeteufel, Oktopus). Die Jakobsmuscheln auf Safran-Graupen und exotischer Mango überzeugen mit ihrer fruchtigen Komponente. Das Lamm entpuppt sich als nobilitierte Form eines Spießes: mit einem knusprig-flaumigen Bällchen, saftigen Lammstücken, Erbsen sowie einem Carpaccio aus Auberginen und Minze. Das Ganze exzellent abgeschmeckt in einem Balsam vom Natursaft. Vor dem Dessert wird ein Teller mit istrischem Käse gereicht. Danach folgt eine fantastische Millefoglie – handgemachter Blätterteig mit cremigem Haselnussmousse und karamellisierter Banane. Bei jedem Gang stellen wir fest: Handwerkliche Präzision und Küchentechnik sind selbstverständlich und von einer leichten Machart geprägt. Auch beim Entkorken der Weine sind ausschließlich Profis am Werk. Die sorgfältig zusammengestellte Weinkarte macht große Freude beim Auswählen.

Was uns auffällt und sehr gefällt: Momentan spielt sich das Gourmeterlebnis wieder mehr auf dem Teller ab. Es geht um die Kochkunst per se. Die Gerichte müssen nicht mehr spacig beleuchtet, spektakulär in Konservendosen, auf Baumrinde, Heu oder Holzstielen präsentiert werden. Sie dürfen selbst der Star am Tisch sein. Das sind die wahren kulinarischen Abenteuer.

Monte

Barba Danilo

EDELKONOBA
ZEITGEMÄSS

A Polari 5
52210 Rovinj
T (+385 52) 83 00 02
W www.barbadanilo.com

Kleine familiengeführte Konoba am Campingplatz Ulika. Die exzellente Meeresküche und die traditionellen Gerichte sind im Heute verankert, kreativ und leicht umgesetzt. Entspannte Atmosphäre, gelebte Gastfreundschaft.

Bookeria

FRÖHLICHER GASTGARTEN

A Trg G. Pignaton 7
52210 Rovinj
T (+385 91) 21 90 007
W www.bookeria-rovinj.com

Aus einem Bücherladen ist dieses bezaubernde All-in-one-Lokal geworden: eine unkomplizierte Adresse im lässigen Vintagelook. Für Frühstück, Brunch, Lunch, Aperitif und Abendessen. Auf modernem Geschirr werden Quinoa mit Avocado, Branzinocarpaccio, Scampirisotto, Basilikumpasta, Muscheln und Burger serviert. In den Bücherregalen stehen zahlreiche Kochbücher. Im Winter geschlossen.

Brasserie Adriatic

FRÜHSTÜCK BIS ABENDESSEN
VOR DER MOLE

A Obala Pina Budicina 16
52210 Rovinj
T (+385 52) 80 35 20
W www.maistra.com

Spitzenlage vor der Mole im Zentrum der Altstadt. Trendiges Boutiquehotel mit Restaurant, Bar und Café. Alles sehr stylish in Schwarz-Weiß und in gedämpften Farben: das Interieur, die Kunstinstallationen und das Servicepersonal in ihren Designerkitteln. Die Brasserie ist unsere persönliche Frühstücks- und Brunchlocation. Die Köstlichkeiten werden auf silbernen Etagèren gereicht. Mittags und abends moderne französische und istrische Regionalküche auf Zwei-Hauben-Niveau. Fesche Weinpräsentation, die größte Whiskysammlung Istriens.

Barba Danilo

Adriatic

Cap Aureo

FÜR FEINSCHMECKER

A Smareglijeva 1a
52210 Rovinj
T (+385 52) 64 20 35
W www.maistra.com

Das Signature-Restaurant im fünften Stock des Grand Park Hotel Rovinj punktet auf voller Linie: optisch mit seinem stylishen Design und dem Blick aufs Meer, aber auch kulinarisch – mit einer modernen internationalen Küche (drei Gault-Millau-Hauben) und vielen istrischen Inspirationen.

Circolo

APERITIF & MUSIK

A Campitellijev trg 1
52210 Rovinj
T (+385 91) 51 81 229
W barcircolo.eatbu.hr

Ein paar Stufen führen in dieses charmante Lokal hinauf. Unter farbenfrohen Schirmen serviert das junge Team Frühstück, guten Kaffee, Sandwiches und Panini für Zwischendurch, feine Aperitifs, istrische Weine, handgebrautes Bier und coole Drinks. Eine unterhaltsame Location.

Da Sergio

PIZZERIA
DIE BESTE DER STADT

A Grisia 11
52210 Rovinj
T (+385 52) 81 69 49

Wer die beliebteste Pizzeria Rovinjs sucht, muss lediglich nach der längsten Warteschlange in der Altstadt Ausschau halten. Die Grisia-Straße bergauf ist sie nicht zu übersehen.

Cap Aureo

Fish House Rovinj

STREETFOOD

A De Amicis 2
52210 Rovinj
T (+385 92) 18 86 899

Kleiner, trendiger Streetfood-Laden mit wenigen Sitzplätzen. Auf poppig inszenierten Tellern isst man an der Theke draußen Bao Buns (gedämpfte Brötchen), Hai am Spieß, Fisch-Hotdogs, Fritto misto, Thunfischburger oder Bowls mit Garnelen. Für einen Imbiss zwischendurch.

*Eis

Gelateria Italia

HAUSGEMACHTE EISCREME

A Campitellijev trg 60
52210 Rovinj
T (+386 91) 60 16 957
W mediterraneo-apartbar.com

Vor dieser Eisdiele heißt es immer: Stopp! Ein sehr freundliches italienisches Ehepaar aus Brescia führt diese Gelateria. Man kann sogar zuschauen, wie das Eis produziert wird. Die Sorten „Crema Siziliana", „Bitterschokolade", „Pfirsich" und „Panna cotta" sind eine ganz eigene Liga. Auch veganes, zuckerfreies und glutenfreies Eis. Außerdem locken Schaumrollen, Fritule, Croissants, Mignons und Tartelettes mit Früchten.

Giannino

FISCHRESTAURANT IN EINER SEITENGASSE

A Augusta Ferrija 38
52210 Rovinj
T (+385 52) 81 34 02
W www.restoran-giannino.com

Das zeitlose Restaurant steht für gute Meeresküche. Seit 1972 wird hier der Fang des Tages serviert. Der Brodetto wurde vielfach ausgezeichnet. Zu finden ein bisschen versteckt zwischen dem Grün- und Souvenirmarkt und dem großen Parkplatz im Osten der Stadt. Es war das erste Lokal, das die bekannte Gastronomiefamilie Pellizzer eröffnete: Auch das Puntulina, die Rio Snack Bar und das El Bugadur (ein paar Schritte vom Puntulina entfernt) gehören der Familie.

Jure

GEDIEGEN

A Cademia 22
52210 Rovinj
T (+385 52) 81 33 97

Einfaches und schlichtes Gasthaus in einem Wohnviertel im Osten der Stadt. Sehr beliebt bei den Einwohnern von Rovinj. Bodenständiges füllt die weißen Schüsseln und die silbernen Platten: Nudeln, Risotto, Fisch und Krustentiere. Das Fleisch wird über der offenen Feuerstelle am Rost gebraten. Das duftet! Kleiner Gastgarten vor dem Haus. Sehr netter Service.

Gelateria Italia

Giannino

Kantinon

ISTRISCHES BISTRO

A Obala A. Rismondo 18
52210 Rovinj
T (+385 52) 81 60 75
W www.maistra.com

Das Trendlokal der letzten Jahre hat sich zu einer Konoba mit Bestand entwickelt. Direkt an der Promenade gelegen, wirkt das Lokal, als wäre es schon immer da gewesen. Die Küche präsentiert typisch mediterrane Gerichte und istrische Klassiker. Die internationalen Gäste speisen mit genialer Aussicht auf die Altstadt und den Sonnenuntergang. Drinnen: uriges Interieur mit viel Holz, Kreidetafeln und einem kleinen Shop für regionale Produkte.

Male Madlene

MINI-RESTAURANT
PRIVATES AMBIENTE

A Sv. Križa 28
52210 Rovinj
T (+385 52) 81 59 05
W male-madelene.business.site

Winziges Wohnzimmerrestaurant in der bekannten Križa-Straße, zwischen dem Restaurant Puntulina und der Valentino-Bar. Die Kulturhistorikerin Ana Balzareno kocht seit ihrer Pension in ihren privaten Wänden für handverlesene Gäste.
Liebevoll zubereitetes Fine-Dining-Fingerfood: Fisch und Meeresfrüchte, Fleisch, Vegetarisches, Süßes. Ein Highlight ist die Miniterrasse über dem Meer. Unbedingt reservieren. Am Abend geöffnet.

Mediterraneo

COCKTAILS AM WASSER

A Sv. Križa 24
52210 Rovinj
T (+385 91) 53 28 357

Ein Logenplatz am Meer. Man sitzt unter bunten Segeln auf pastellfarben gestrichenen Hockern, Schemeln und Sitzkissen am Meer. Guter Kaffee, trendige Drinks. Sehr stimmungsvoll. Die Gäste purzeln fast automatisch in dieses Lokal.

Kantinon

Mediterraneo

Orca

LANDKÜCHE

A Gripole 70
52210 Rovinj
T (+385 52) 81 68 51
W www.orca-rovinj.com

Die Familien aus der Umgebung lieben dieses Restaurant, das auf dem halben Weg zwischen Rovinjsko Selo und Rovinj mit seiner großen Terrasse nicht zu übersehen ist. Die gute hausgemachte Küche hat sich aber auch bei den Urlaubern längst herumgesprochen. Die Speisekarte spricht eine klare Sprache: Pasta mit Hummer, Pljukanci Mare Monte, Seeteufel mit Trüffeln, Fisch in der Salzkruste sowie auf Vorbestellung Feines aus der Čripnja – Fisch, Oktopus, Kalb oder Lamm. Gault-Millau-Haube.

Puntulina

TRAUMLOCATION
DAS MEER DECKT DEN TISCH

A Sv. Križa 38
52210 Rovinj
T (+385 52) 81 31 86
W www.puntulina.eu

Romantischer als auf diesen sonnendurchfluteten Meeresterrassen kann man in Rovinj kaum speisen. Wer vom Teller aufschaut, blickt direkt auf das Funkelwasser. Die Küche? Leicht und mediterran: vorzügliches Scampitatar, Meerestrüffeln, kleine Tintenfischchen, Calamari, der Fang des Tages. Sehr schöne Weinkultur. Eines der bekanntesten Lokale der Stadt.

Segutra

HAFENNÄHE

A Vrata Pod Zidom 4
52210 Rovinj
T (+385 52) 81 20 04

Wie oft in Rovinj steht auch dieser Gastgarten mit seinen Sesselchen direkt am Pflaster auf der Gasse. Drinnen erblicken wir einen sehr netten kleinen Gastraum und eine halboffene Küche. Sehr gute Steaks, Tintenfisch mit Mangold-Kartoffeln, cremige Risotti, Miesmuscheln in Weißwein und Knoblauch. In einer Seitengasse beim Hafen.

Puntulina

Segutra

Snack Bar Rio

AN DER PROMENADE

A Obala A. Rismondo 13
52210 Rovinj
T (+385 52) 81 35 64

Angesagtes Lokal auf der Promenade mit genialem Blick auf Meer und Altstadt. Keine Angst: Trotz des Namens „Snack Bar" wird an diesem Ort nicht gesnackt, sondern auf Zwei-Hauben-Level gegessen: Klassiker der mediterranen Küche und aus der istrischen Tradition auf bunten Tellern.

*Wein

Spacio Grota

WEIN AM MARKT

A Valdibora bb
52210 Rovinj
T (+385 98) 50 69 68

Der perfekte Ort für eine kleine Verschnaufpause, um das Treiben am Markt zu beobachten und die vielen Leute einfach vorbeiziehen zu lassen. Die Weinfässer als Tische sowie die Hochstühle sind jetzt in fröhlichen Farben gestrichen. Die Gläser werden mit istrischen Spitzenweinen oder dem einfachen Haus-Malvasia gefüllt, kleine Häppchen mit Käse und Pršut liegen auf den Tellern.

Tramonto

ELEGANT & ZEITGEMÄSS

A Obala Vladimira Nazora 4
52210 Rovinj
T (+385 52) 81 14 64
W www.hoteldelfin.hr

Hoffentlich ist es das Essen und nicht die Deko. Im Restaurant Tramonto im Hotel Delfin präsentiert sich ein Gericht aufwendiger inszeniert als das andere, mit unzähligen Details, so bunt wie ein Blumenstrauß. Das schicke Feinschmeckerlokal bietet Gästen die Chance, mit Produkten aus Istrien eine Reise des Genusses zu erleben. Auf der Speisekarte: Oktopuscarpaccio mit Kapuzinerkresse, Kapern und Kaviar, Thunfischtatar mit Avocado, zweierlei Sesam und Kaviar, Couscoussalat mit Gemüse und Kichererbsen, Seeigel-Safranrisotto und Dessertvariationen von fruchtig bis schokoladig. Elegante Wohnzimmeratmosphäre – Keramik, Porzellan, Glaskultur und Besteck folgen der neuesten Mode. Unweit des Jachthafens.

Valentino

HIPP & STYLISCH

A Sv. Križa 28
52210 Rovinj
T (+385 52) 83 06 83
W www.valentino-rovinj.com

Legendäre Cocktail- und Champagnerbar mit Kultstatus. Die perfekte Location für Selfies und Heiratsanträge. Instagramer, Touristen, Romantiker und Einheimische sitzen zwischen den Altstadtfelsen im Kerzenschein und erfreuen sich am Sonnenuntergang.

Valentino

*Wein

Villa Dobravac

GELEBTE WEINKULTUR

A Karmelo 1
52210 Rovinj
T (+385 52) 81 30 06
W www.villa-dobravac.com

Ein Weingut im Stadtgebiet von Rovinj. Verblüffend, nicht? Unweit des großen Parkplatzes beim Grün- und Souvenirmarkt hat Familie Dobravac rund um ihre schöne Villa ein außergewöhnliches Genussrefugium geschaffen. Die vielen Stammgäste bestätigen dies. Obst und Gemüse stammen aus der eigenen Bio-Landwirtschaft, die feinen Weine werden Jahr für Jahr prämiert, außerdem produziert die Familie Dobravac ein Spitzenolivenöl. Der Trumph im Ärmel ist Sommelière Karin Rupena Perdec – eine der bekanntesten Weinexpertinnen Kroatiens. Sie schafft es, aus einer Weinverkostung in der schicken Weinbar vor Ort ein önologisches Erlebnis der Extraklasse zu machen. Weinwissen, Leidenschaft und Sympathie ergänzen einander kongenial. Am besten, man nimmt gleich eines der gemütlichen Zimmer oder Apartments im B&B der Villa. Dann ist das Nachschenken kein Problem.

Wine Vault & Mediterraneo

GEHOBENE MEERESKÜCHE

A Smareglije 3
52210 Rovinj
T (+385 91) 42 63 614
(Wine Vault)
T (+385 52) 636013
(Mediterraneo)
W www.maistra.com

Im Luxushotel Monte Mulini der Maistra-Gruppe finden Gourmets gleich zwei empfehlenswerte Restaurants: das Zwei-Hauben-Restaurant Wine Vault sowie das elegante Mediterraneo in der zweiten Etage.

Villa Dobravac

Wine Vault

Oktopussalat

Der Oktopus (auch Krake genannt) zählt zu den Tintenfischen. Mit seinen acht Fangarmen und den Saugnäpfen ist er leicht zu erkennen. Aufgrund seines mageren Fleisches und des milden Geschmacks hat der Oktopus einen Fixplatz auf den istrischen Speisekarten.

ZUTATEN FÜR CA. 4 PERSONEN

1 Oktopus, ca. 1 kg, gesäubert
2 Lorbeerblätter, frisch
½ TL Anis
5–6 schwarze Pfefferkörner
1 Rosmarinzweig
Salz
300 g Kartoffeln
Zitronensaft
Pfeffer aus der Mühle
etwas Zucker
⅛ l Olivenöl extra vergine
1 Knoblauchzehe
2 EL Petersilie, gehackt

SO MACHT JOSEF OKTOPUSSALAT

1. Den Oktopus im Ganzen in einen großen Topf mit kaltem Wasser geben und mit Lorbeerblättern, Anis, Pfefferkörnern, Rosmarin und etwas Salz aufkochen. 45–60 Minuten kochen, bis der Oktopus weich ist.

2. Die Kartoffeln ungeschält in Salzwasser kochen, schälen und in 1 Zentimeter dicke Scheiben schneiden. Die Scheiben zudecken, damit sie warm bleiben.

3. Oktopus aus dem Wasser nehmen, die Fangarme in 2 Zentimeter lange Streifen und das Mittelstück in 1 Zentimeter breite Scheiben schneiden.

4. Den geschnittenen Oktopus in einer Schüssel mit etwas Zitronensaft, Salz, Pfeffer, ein wenig Zucker und Olivenöl marinieren.

5. Die warmen Kartoffelscheiben dazugeben und alles vorsichtig mischen.

6. Für die Marinade die Knoblauchzehe hauchdünn schneiden und mit der Petersilie und etwas Olivenöl in einer kleinen Schüssel verrühren.

7. Den Oktopus und die Kartoffelscheiben auf Tellern anrichten. Die Marinade mit einem Esslöffel gleichmäßig über dem Salat verteilen und Letzteren lauwarm servieren.

TIPPS:

» Jedes Meerestier hat seine Saison: In der kalten Jahreszeit schmeckt der Oktopus am besten.

Taverna Pergola

KOCH DES JAHRES

A Sunčana 2
52475 Savudrija
T (+385 52) 75 96 85
W www.pergola.com.hr

Vom traditionellen Wirtshaus zum international anerkannten Gourmetrestaurant ist es ein weiter Weg. Das wissen wir aus eigener Erfahrung.
Der istrische Spitzenkoch Fabricio Vežnaver hat sich auf diese spannende Reise gemacht und dabei nach ganz oben gekocht. Die Kritiker des bekannten Gault-Millau haben Fabricio vier Hauben aufgesetzt und 2021 als „Koch des Jahres“ ausgezeichnet – das ist der begehrteste Award, den ein Koch in seinem Land erreichen kann.
Im Nordwesten Istriens, in der kleinen Ortschaft Zambratija, haben Vater und Sohn Vežnaver in den 1990er Jahren ein Fischlokal eröffnet. Traditionell. Klassisch. Gut. Mit der Zeit ergänzte der engagierte und talentierte Fabricio die bodenständigen Rezepte mit innovativen Ideen und fasziniert heute mit einem Food Design voller Fantasie. Gastgeberin ist Ehefrau Ljiljana. Sie umsorgt einen schon beim Eintritt auf charmante Weise. Das Restaurantinterieur ist behaglich gestaltet, mit Holz in dezenten Farben. Das Feuer im Kamin prasselt, der Spumante moussiert fein im Glas. Bevor das mehrgängige Menü beginnt, stehen bereits fünf Brot- und acht Olivenölsorten zum Verkosten zur Auswahl – von Mate Agrofin aus der Nachbarschaft.
Die Auswahl der Gerichte fällt leicht: einfach die Anzahl der Gänge wählen und sich von der Kreativküche überraschen lassen. Oh, wie perfekt und bildschön jeder Teller arrangiert ist! Auf dem Scampicarpaccio mit Artischocken setzt der Spitzenkoch elegant Linguine in Szene. Abseits des Mainstreams präsentiert sich der geröstete Kürbis mit Garnelen – am Feuer geflämmt für noch intensivere Aromen. Ein Wohlfühlgericht ist die Samtsuppe vom Spinat mit Hummerstückchen, am Tisch mit einem Kännchen Hummerconsommé vollendet. Der Rosmarinoktopus im krossen Kartoffelkörbchen hat etwas Majestätisches, allein schon aufgrund seiner Kronenform. Kunstvoll wird auch die Seezunge in einem Porzellanschiff serviert: fein mariniert, in einem Schaum von Plankton und Limone – eine sensorische Explosion von handwerklicher Präzision, die gleichzeitig erfrischt.
Ein Sommerdessert par excellence: geflämmte Marillen auf knusprigen Rosenblütenblättern mit Ricotta und weißer Schokolade. Oder: Mandelmousse mit Erdbeeren und Zuckerwatte. Bissen für Bissen stellen wir fest: Fleiß, Ausdauer und Talent zahlen sich aus. Es sind die wichtigsten Ingredienzien für so einen wunderbaren Leitbetrieb der Gastronomie.

Taverna Pergola

Alberi

FAMILIENTAVERNE

A Alberi 35
52475 Savudrija
T (+385 52) 75 93 61

Familienbetrieb, nicht weit vom Hotel Kempinski entfernt. In unkomplizierter Atmosphäre genießen Gäste sämtliche Klassiker der mediterranen Küche: Fischsuppe, Tintenfischrisotto, Haisteak, gedämpfter Seeteufel, Steinbutt aus dem Ofen. Trüffelgerichte und Fleisch vom Grill ergänzen das kulinarische Programm. Tomaten, Salat und Gurken stammen von Großvaters Feldern, den Spitzenwein liefert unter anderem das Weingut Degrassi. Überdachte Terrasse.

Degrassi

WEINE MIT GESCHICHTE

A Podrumarska 3
52475 Savudrija
T (+385 52) 75 92 50
W www.degrassi.hr

Familie Degrassi keltert vorbildliche Spitzenweine. Ihr Weingut liegt in Bašanija, nur wenige hundert Meter vom bekannten Leuchtturm in Savudrija entfernt. Mit schönem Verkostungsraum für spannende Präsentationen. Die Trauben wachsen auf 25 Hektar zwischen Buje und Brtonigla. Vielbeachtete Rotweine: Teran, Refošk, Syrah, Cabernet Sauvignon, Cabernet Franc und grandiose Weiße.

Kanova

ROMANTISCHER ADRIABLICK

A Alberi 300a
52475 Savudrija
T (+385 52) 70 70 00
T (+385 52) 70 71 62
W www.kempinski.com

Allein der traumhafte Adriablick bis nach Venedig wäre einen Besuch im Feinschmeckerrestaurant Kanova wert, das im obersten Stockwert des 5-Sterne-Luxushotels Kempinski zu finden ist. Abends ist die Meeresterrasse in Kerzenschein getaucht, in der kalten Jahreszeit sitzt man hinter Panoramafenstern am Kaminfeuer und genießt istrisch-mediterrane Fusionsküche.

Food Design à la Fabrizio Vežnaver

*Olivenöl

Mate Agrofin

SPITZENBEWERTUNGEN

A Romanija 60a
52475 Savudrija
T (+385 52) 75 92 81
W www.mateoliveoil.com

Mate Agrofin zählt zu den größten Olivenölproduzenten Istriens und zu den besten der Welt. Besitzerin Aleksandra Vekić bewirtschaftet auf sehr professionelle Weise 25.000 Bäume. Alles passt: Inhalt, Design, Marketing und Verkauf. Für die Topqualität wandern die Oliven nur wenige Stunden nach der Ernte in die eigene Presse. Tipp: das „Mate Timbro Istriano" mit internationalen Höchstbewertungen. Es wird aus der Sorte Frantoio gewonnen. In Zambratija.

Toni

NIVEAUVOLLE FISCHKÜCHE

A Siparska 8
52475 Savudrija
T (+385 52) 75 95 70
W www.restaurant-toni.eu

Das elegante Restaurant (zwei Hauben) mit gehobener Fischküche findet man im alten Fischerdorf Zambratija, nur wenige Schritte vom Meer entfernt. Was uns gefällt: die familiäre Atmosphäre, die klassischen Geschmäcker, die liebevoll angerichteten Speisen, die authentische Gastfreundschaft. Bezaubernder Gastgarten unter Kiwibäumen.

Bodulka

HOTELRESTAURANT

A Franje Mošnja 3b
52204 Šišan
T (+385 52) 30 06 20
W www.velanera.hr

Wirt, Koch und Hotelbesitzer Dušan Černjul ist Wegbereiter der istrischen Küche. „Dule" gilt als Gastronomie-Urgestein und tischt in seinem feinen Landhotel Velanera eine gehobene, mediterrane und zeitgemäße Küche auf. Im Sommer dinieren die Gäste in der Loggia beim Pool, im Winter erfreut man sich am Feuer im Designerkamin. Unweit des Weinguts Trapan. 15 Autominuten nach Pula.

Bodulka

Trapan

*Wein

WEINREVOLUTION

A Giordano Dobran 63
52204 Šišan
T (+385 91) 58 17 281
W www.trapan.hr

Die Trapans sind lässige Leute. Irena und Bruno haben den Mut, als Winzer einen anderen Weg zu gehen, und bringen immer frischen Wind in die istrische Weinszene. Der Erfolg gibt ihnen recht. Ihre Weine tragen ungewöhnliche Namen wie „Ponente", „Rubi Rose", „Che", „Uroboros", „Revolution", „Terra Mare", „Shuluq" oder „Dark Rose" und werden aus Malvasia- und Terantrauben gekeltert. Extravertiert zeigen sich vor allem die Cuvées. Das Weingut entpuppt sich als knallroter Würfel, draußen laufen Miniziegen und der Haushund herum, und ein Graffito an der Wand haben wir auch entdeckt. Cool designte „Food and Wine Station" mit spacigen Polypenleuchten, schöner Veranda und Enoteca.

Matošević

*Wein

WINZERTRAUM

A Krunčići 2
52448 Sveti Lovreč
T (+385 52) 44 85 58
W www.matosevic.com

Familiengeführtes Weingut oberhalb des Limski-Kanals im kleinen Ort Krunčići bei Sveti Lovreč. Besonders viel Freude machen die kommentierten Verkostungen im Weinshop. Muss man probieren: den roten „Grimalda" – eine mächtige Cuvée aus Merlot, Teran und Cabernet Sauvignon. Exzellent auch die weiße „Grimalda", eine Cuveé aus Chardonnay, Malvasia und Sauvignon Blanc, im Eichenfass ausgebaut. Grandios auch der frische Malvasia. Stimmungsvolles Gartenambiente.

Matošević

Trapan

Matošević

Pršutana Jelenić

Pršutana Jelenić

KÖSTLICHE VIOLINEN

A Slavčići 177
52404 Sveti Petar u Šumi
T (+385 91) 42 04 999
W www.istarskiprsut.hr

Original istrischer Rohschinken in Form einer Violine. Die Brüder Luka und Paolo Jelenić arbeiten nach einem traditionellen Verfahren und lassen den Pršut mindestens zwölf Monate reifen. Auch Ombolo (Karreeschinken), Spaletta (Rohschinken aus der vorderen Keule), Bauchspeck, Trockenwürstel, Osso Collo und Salami gibt es im eigenen Laden, am Markt von Pula und Labin sowie in verschiedenen Einzelhandelsgeschäften zu kaufen.

*Wein

In Sylvis

WEINGARTEN IM WALD

A Turčinovći 80
52404 Sv. Petar u Šumi
T (+385 98) 94 75 313
W www.insylvis.com

Geheimtipp-Status, also aufgepasst! Das junge Winzerpärchen Lara und Marko Zgrablić bringt immer wieder etwas Neues auf den Markt. Erst vor ein paar Jahren haben sie den Familienweingarten in Zentralistrien bei Sveti Petar revitalisiert. „In Sylvis“ bedeutet „im Wald“. Der Weingarten liegt tatsächlich in einem Wald. Der neue Verkostungsraum öffnet seine Terrasse wunderschön ins Grüne. Im Sommer nehmen Gäste auf Hockern, Sitzkissen oder Strohballen Platz. Zu Malvasia (frisch oder im Holz ausgebaut), Florens Rosé (Teran-Trauben), den roten Cuvées (Cabernet Sauvignon, Merlot, Teran mit und ohne Holz) sowie dem Süßwein reichen die Winzer Schinken, Käse und Salamihäppchen. Auch Weincocktails. Nicht verpassen: Die Besichtigung des Benediktinerklosters mit imposanten Kreuzgängen beim Kreisverkehr im Dorf.

In Sylvis

Klarići

ISTRISCHE HAUSMANNSKOST

A Klarići 83
52342 Svetvinčenat
T (+385 98) 21 99 87
W www.konobaklarici.fullbusiness.com

Ein Geheimtipp: Rustikales Steinhaus mit Terrasse und einem Gastgarten unter schattigen Walnussbäumen. Da werden abseits jeglicher touristischer Pfade irdene Krüge mit Blümchenmuster gereicht, der Pršut von Hand geschnitten, auf der offenen Feuerstelle gebrutzelt und die Čripnja gefüllt. Fleisch, Obst und Gemüse stammen aus eigener Landwirtschaft. Top: selbst hergestelltes Olivenöl, Schinken und Schafkäse. Die Speisekarte besteht aus istrischer Jause, Schinkenravioli mit Pilzen und Fleischgerichten wie Koteletts, Würstel, Spießen, Gulasch, Ćevapčići mit handgeschnitzten Pommes und gegrillen Zucchini. Als Süßspeise gibt es Palatschinken.

Kampanjola

BIER & KÄSE

A Svetvinčenat 3
52342 Svetvinčenat
T (+385 98) 93 48 231
W www.kampanjola.hr

Darko Pekica stellt köstlichen Käse her und braut mit seinen Kumpels istrisches Craftbeer in Bio-Qualität. Lässiger Typ. Vier verschiedene Sorten Bier.

Kampanjola

Trattoria Castello

BEI DER BURGWIESE

A Svetvinčenat 53
52342 Svetvinčenat
T (+385 98) 81 82 65
W www.trattoriacastello.hr

Familiengeführtes Gasthaus in schöner Lage am Rande der großen Wiese gegenüber der Burg Grimani. Hier lässt man sich klassische istrische Küche schmecken: Gnocchi mit Gulasch oder Hühnerragout, Risotto mit Scampi, Fisch mit Weißkraut, Tintentische mit gegrilltem Gemüse, Muscheln Buzara.

Trattoria Castello

Der Pršut gilt unumstritten als Star auf dem Tisch. Denn der luftgetrocknete Schinken präsentiert sich als der ganze Stolz der heimischen Produzenten. Gefertigt wird er nach einer jahrhundertealten Tradition.

Zartwürziger Genuss: Pršut

1. Schinkenhochburg. Die istrische Antwort auf das italienische „San Daniele“ und „Parma“ lautet „Tinjan“, ein kleiner Ort im Herzen Istriens, 22 Kilometer östlich von Poreč mit einem halben Dutzend Produzenten. Im Sommer findet dort das bekannte Schinkenfest statt.

2. Herkunftsgeschützt. Die Kunst der Schinkenerzeugung in Istrien ist mehrere Jahrhunderte alt. Für ihren Schutz setzt sich der Verband der zwölf Hersteller des originalen „Istarski Pršut“ ein (www.istarskiprsut.com). Damit das rote EU-Qualitätssiegel auf die Keule darf, müssen strenge Kriterien erfüllt werden: Sie betreffen nicht nur das geografische Gebiet, sondern auch Schweinerasse, Futter, Gewicht, Herstellung.

3. Violine. Der istrische Rohschinken hat im Ganzen die elegante Form einer Violine.

4. Gewürze. Jeder Hersteller schwört auf sein eigenes Geheimrezept, um dem Schinken seinen besonderen Geschmack zu geben. Mediterrane Kräuter wie Rosmarin und Lorbeer kommen immer zum Einsatz, manchmal auch Lavendel und Thymian. Die Kunst des Veredelns wird von Generation zu Generation weitergegeben.

Kulinarische Ikone: der istrische Rohschinken

Aufgrund seiner besonderen Form nennen die Istrianer ihren Pršut liebevoll »vijulin« (Violine).

Originaler istrischer Pršut: wie dieser von den Jelenić-Brüdern aus Sveti Petar, S. 120

5. Reifung. Von der Keule zum Schinken ist es ein langer Weg. Der istrische Schinken wird nicht geräuchert, sondern getrocknet. Das spezielle Klima und die Bora, der kalte Wind im Spätherbst und Winter, machen dies möglich. Der Reifungsprozess dauert mindestens ein Jahr, je nach Größe der Keule. Der Edelschimmel, der den Schinken umgibt, ist für den Duft und den Geschmack maßgeblich.

6. Von Hand geschnitten. Das Aufschneiden von Hand mit einem scharfen Filetiermesser ist ein traditionelles Ritual und wird mit größter Sorgfalt ausgeführt. Niemand benutzt in Istrien dazu eine Maschine. Das würde an Ehrenbeleidigung grenzen.

7. Schinkenhalter. Auf den Bauernmärkten und in den Baumärkten findet man die Schinkenspanner in verschiedenen Ausführungen für zu Hause.

MaDaLu

EIN LIEBLINGSLOKAL AUF WANDERSCHAFT

A derzeit Ulica Istarska 58
52465 Tar/Vabriga
T (+385 95) 85 46 708

Ein Lieblingslokal geht auf Wanderschaft. Aber keine Sorge: Genießer finden immer den Weg ins MaDaLu. Denn ohne Familie Bernobić kein Istrien. Sie ist mit Küche und Team aus ihrer urigen Fischerhütte in der Bucht von Santa Marina ins ehemalige Restaurant „Arka" nach Tar gezogen. Aber nur auf Zeit: Sobald es ihnen möglich ist, wollen sie zurück an ihren alten Standort direkt am Meer.
„MaDaLu" ist die Abkürzung der Namen der drei Brüder, Mateo, Daniel und Luka. Daniel ist Fischer und versorgt den Betrieb mit dem täglichen Fang, Luka macht mit seiner Frau den Service, und Mateo, der jüngste der drei Brüder, hat die Küchenleitung von Mama Laura übernommen, mitsamt ihrem wunderbaren Geschmack nach Meer. Alles in allem ein Gen-Jackpot. Papa Mauro hält seine Familie mit viel Herz zusammen. Er ist Gastronom, Koch, Weinkenner und Sympathieträger durch und durch. Denn Mauro gibt uns so viel mehr als gutes Essen und feine Weine. Aufgrund seiner Liebenswürdigkeit und Verbundenheit mit der Region gilt er als Botschafter der istrischen Gastfreundschaft. Bei so einem Vorbild – wie sollen da die Söhne anders sein?
Mateo bringt einzigartigen Geschmack in seine Gerichte, wie wir es eigentlich bei einem Koch mit jahrzehntelanger Praxis vermuten. Beeindruckend. Der beste Branzino aus dem Ofen. Glauben Sie uns, wir haben wirklich schon unzählige gegessen. Ein 2,5 Kilogramm schwerer Fisch, herrlich zart gegart. Mit geschmorten Kartoffeln, Zucchini, Zwiebeln und Lorbeer. Die Ofentomaten zerplatzen im Mund und zeigen sich von reifer Süße, die Kartoffeln zergehen herrlich weich auf der Zunge. Zuvor lassen wir uns eine Vorspeisenvariation schmecken: eine Hommage an das Meer. Oktopussalat, Scampi crudo, Carpaccio vom Thunfisch, kunstvoll in Szene gesetzt. Die Buzarapfanne mit vier verschiedenen Muschelarten bestellen wir morgen gleich noch einmal, zusammen mit dem Pelamide in Olivenöl und Schalotten. Als Dessert löffeln und trinken wir ein erfrischendes Zitronensorbetto. Nach ein paar Stunden heißt es Abschied nehmen. Wir sehen uns! In Tar oder in der Bucht von Santa Marina.

MaDaLu

*Wein

Stancija Špin

WEIN & KÄSE
EDELKONOBA

A Stancija Špin 4
52465 Tar
T (+385 91) 42 21 050
W www.agrolaguna.hr
W www.sirspin.hr

Das idyllische Anwesen gehört zur „Agrolaguna", einem der größten Olivenöl-, Käse- und Weinproduzenten Kroatiens. Eine edle Konoba aus istrischem Stein, drumherum Olivenbäume, Tische im Freien und nette Leute. Käse- und Weindegustation. Die Küche zeigt sich sehr heimatverbunden.

Ein Genuss: Fisch und Meeresfrüchte im MaDaLu

Forto Hot Sauce

EINE SCHARFE SACHE

A Viškovići 43c
52222 Koromačno
T (+385 99) 66 31 963
W www.fortohotsauce.com

Feine Chilisaucen produziert Familie Petrović mitten im Nirgendwo. Oder sagt Ihnen Viškovići bei Koromačno irgendetwas? Das ist ein kleiner Weiler auf der südöstlich gelegenen Halbinsel Labinština, 14 Kilometer südlich von Labin. Vor meinem Besuch musste ich tüchtig googeln.
Im Jahr 2017 hat der Student Stefan Petrović seine ersten handgemachten Saucen kreiert und den Hinterhof in eine Chiliplantage verwandelt. Dort hegt und pflegt er mit seinem Vater Mladen knapp 30 verschiedene Chilisorten. Ein fancy Start-up und gleichzeitig ein gediegener Familienbetrieb. Die würzigen Saucen von mild bis feurig scharf sind drauf und dran, die istrischen Gastronomiebetriebe und Küchen zu erobern. In der Manufaktur gelten höchste Qualitätsansprüche: Nichts wird zugekauft, es kommen keine Zusatzstoffe und Konservierungsmittel in die Produkte, alles ist bio-zertifiziert. Das milde „Forto Jugo" passt perfekt zu Meeresfrüchten und Fisch, „Forto Cimitar" ist die derzeit schärfste aller Forto-Saucen. „Forto Treska" zeigt sich als Allrounder zu Pasta, Pizza oder Fleisch, während „Forto Kogo" aus Karotten und Zwiebeln besteht. Derzeit tüftelt Stefan an einer „Hot Jam", einer Chili-Marmelade. Zu kaufen im Onlineshop, direkt am Hof (gerne mit Verkostungen) sowie in verschiedenen Genussläden Kroatiens.

Forto Hot Sauce

Martin Pescador

AM WASSER GEBAUT

A Trget 20
52224 Trget
T (+385 52) 54 49 76

Noch näher am Wasser wäre bereits im Wasser. Uriges Fischlokal direkt in der Bucht von Trget, zwölf Kilometer südlich von Labin. Ein Boot dient als Theke, überall hängen Fischernetze, Anker und Muscheln als Deko. Gute mediterrane Klassiker kommen auf großen Silberplatten und bunt bemalten Keramiktellern auf den Tisch. Im Sommer ist hier viel los – unbedingt reservieren.

Fritule

Vor der Markthalle in Pula, vor den Toren Grožnjans, auf den Volksfesten in Žminj und Svetvinčenat oder auch in den Gassen von Rovinj duftet es immer wieder nach feinem Staubzucker und frisch Gebackenem. Kein Wunder, dass unsere Nasen mit einem „Ahhh" und „Mmmhh" automatisch nach oben wandern. Kommen in Istrien Fritule auf den Tisch, gibt es etwas zu feiern. Aber die süßen Teigbällchen, die sehr an unsere „gebackenen Mäuse" oder kleine Krapfen erinnern, schmecken das ganze Jahr über.

SO MACHT JOSEF FRITULE

1. Aus Mehl, Milch und Hefe ein Dampfl (Vorteig) zubereiten. Ca. 40 Minuten an einem warmen Ort zugedeckt rasten lassen.

2. Butter, Salz, Rum, Vanillezucker, Zitronenabrieb, Eier, Zimt, Sauerrahm und Zucker zum Vorteig geben und zu einem mittelfesten Hefeteig verarbeiten.

3. Den Teig weitere 40 Minuten gehen lassen, bis sich das Volumen verdoppelt. Danach noch einmal kurz zusammenschlagen.

4. Mit einem Esslöffel aus dem Teig Kugeln formen und in ca. 140–150 °C heißes Fett geben. Mehrmals wenden, bis sie goldbraun sind.

5. Fritule herausheben und auf Küchenpapier abtropfen lassen. Mit Staubzucker bestreuen und sofort servieren.

ZUTATEN FÜR CA. 50 STÜCK

500 g Mehl, glatt
100-150 ml Milch, warm
40 g Hefe, frisch
70 g Butter, handwarm
1 Prise Salz
1 Schuss Rum
1 Messerspitze Vanillezucker
½ Zitrone, Abrieb der Schale
2 Eier, Zimmertemperatur
1 Prise Zimt
35 g Sauerrahm
70 g Kristallzucker

ca. 1 Liter Pflanzenöl zum Frittieren
Staubzucker zum Bestreuen

TIPPS:

» Wer möchte, gibt vor dem Herausbacken Rosinen in den Teig.
» Vorsicht: Das Öl darf nicht zu heiß sein. Sonst werden die Fritule außen schwarz und bleiben innen roh.

Gastronom Ivan Badurina

Tischkultur im Restaurant Badi

Badi

IM ZEICHEN DER ROTEN LANGUSTE

A Umaška ulica 12
52470 Umag
T (+385 52) 75 62 93
W www.restaurant-badi.com

Ein anderes Wort für Gastfreundschaft? Badi! Entdeckt der Gast das Schild mit der roten Languste, ist er richtig. Im kleinen Dorf Lovrečica zwischen Umag im Norden und Novigrad im Süden, gegenüber einem Olivenhain, liegt ein wenig versteckt das Gourmetrestaurant der Familie Badurina-Badi. Milena und Nado Badurina-Badi haben ihr Lokal 1986 eröffnet, das Sohn Ivan mit viel Engagement und Freude in die nächste Generation führt. Von Jahr zu Jahr feilt der Qualitätsfanatiker wohldurchdacht am eleganten Interieur (Hingucker ist die Weinlounge mit den schwebenden Weinflaschen), am kulinarischen Angebot, an den Schätzen im Weinkeller und am gastronomischen Gesamtkonzept. Dieses Bestreben wird belohnt. Immer mehr Auszeichnungen (aktuell drei Gault-Millau-Hauben) dekorieren das Restaurant, das zu den besten der Halbinsel zählt.
Mit Chefkoch Aleksandar Grubić hat Ivan einen absoluten Profi an Bord. Seine Küche bietet topaktuelle, leichte, regional geprägte und schlichtweg großartige Speisen. Die Jakobsmuscheln, als Carpaccio serviert, begleiten Meeresfenchel, Radieschen und Kaviar. Schwarze Tintenfisch-Pappardelle kombiniert Grubić mit Garnelen, Pistazien und mildem Chili – ein Aromengewitter der Extraklasse. Ob Fischsuppe, Hummersalat oder gemischte Fischvorspeisen: Die Küche hat es sich zum Usus gemacht, den Geschmack des Meeres zu bewahren. Besonders zum Ausdruck kommt dies im legendären roten „Buzara Badi“ (Tagliatelle mit Scampi und Muscheln) das in einer Kupferpfanne Platz nimmt. Aber es gibt auch fleischliche Alternativen: So schmilzt ein elegantes Blatt an Gänseleber auf dem zart gebratenen Stück Jungrind. Hinreißend inszeniert: das Erdbeertiramisu mit einem Hauch von Mascarpone als süßer Abschluss.

Buščina

FÜR JEDEN GESCHMACK

A Buščina 18
52470 Umag
T +385 52) 73 20 88
W www.konoba-buscina.hr

Stopp! In die Konoba Buščina (zwei Hauben) unweit der slowenischen Grenze bei Umag kehren wir auf unserem Weg in Richtung Süden besonders gern ein. Das hat einen Grund: Dort gibt es für jeden Geschmack das Passende. Das „Who's who" der kulinarischen Genüsse Istriens. Den einen gelüstet es bereits während der Autofahrt nach Scampi crudo und Fischcarpaccio, den anderen nach cremig-würzigem Pršut und Boškarin-Tagliata mit Trüffeln. Die beiden Menüs „Mare" und „Terra" von Fabijana Miljanović, basierend auf Fisch und Fleisch, machen alle glücklich und zufrieden. Bodenständige, verfeinerte Klassiker auf gehobenem Niveau. Außerdem weht der Geist der istrischen Gastlichkeit durch das gemütliche Steinhaus, das beginnt gleich bei der charmanten Begrüßung. Das Ambiente ist liebevoll und behaglich, mit schön eingedeckten Tischen, einer mit Weinlaub berankten Terrasse und der großen Feuerstelle. Auf den Rost kommen Jakobsmuscheln, Calamari, Fische, Scampi, Polenta und Steaks. Das Olivenöl stammt von Familie Zubin, der Verwandtschaft aus dem Nachbarhaus, die Weine von Spitzenwinzern der Region.

Buščina

Kunterbunt mit Flair: die Konoba Nono bei Umag

Nono

MUSIK IN UNSEREN OHREN

A Umaška 35
52470 Petrovija/Umag
T (+385 52) 74 01 60
W www.konoba-nono.com

Hängt in einem Lokal eine Gitarre, bekomme ich es mit der Angst zu tun. Zu fortgeschrittener Stunde ist mein Mann nämlich der Erste, der sie sich schnappt, sehr zum Amusement der Gäste. In der Hauben-Konoba Nono in Petrovija, ein paar Kilometer östlich von Umag, hängen nicht nur historische Musikinstrumente an den Wänden, sondern auch unzählige Hüte. Außerdem sammelt Familie Prodan farbenfrohe Ballonflaschen, Fotoapparate, Metallfiguren, Bügeleisen, Radiogeräte, Uhren und Vespas. Die Konoba ist im luftigen Bistrostil eingerichtet, zwischen den Gasträumen und Terrassen stehen Holztruhen mit Weinflaschen.

Vielfältig zeigt sich die Speisekarte mit Fisch und Meeresgetier sowie Fleisch, Pasta und Trüffeln. Selbst rustikale Gerichte wie die hausgemachten Bratwürstel vom Grill oder Ripperl mit Gemüse erscheinen in ihrer Präsentation als Zierde auf dem Teller. Als Zwischengerichte locken Pasta, ein Risotto mit Seppiolini oder ein Orzotto (eine Art Rollgerste-Risotto) mit Roten Rüben. Überzeugt haben zu Beginn die Fischvorspeisen mit rohen Scampi und Muscheln sowie zum Abschluss der süße Würfel aus flaumiger Nussschokolade mit Limonen. Neben dem Parkplatz findet man einen Streichelzoo mit Kaninchen, Ziegen und Esel sowie einen Spielplatz. Apropos spielen. Gitarre spielen wird heute niemand. Das Instrument bleibt an der Wand hängen. Aber gut zu wissen, dass sie dort ist. Falls sich mein Buch nicht verkauft, kann mein Mann als Straßenmusiker auftreten.

Bokun

REGIONALTYPISCH

A Motovunska 33a
52470 Petrovija/Umag
T (+385 52) 74 00 26

Neue, zeitgemäße Konoba im Olivengarten. Teilweise stehen die Tische auf dem Rasen im Grünen. Regionstypische Gerichte kommen mit modernem Twist auf die Teller. Sehr bemühter Service.

*Wein

Cuj

JAHRHUNDERTLANGE TRADITION

A Farnažine bb
52470 Umag
T (+385 52) 73 23 85
W www.cuj.hr

Traditionsbetrieb der Familie Kraljević. Malvasia, Chardonnay, Teran und Muskat gedeihen auf sechs Hektar Rebfläche. Verkostet wird im schönen terrakottafarbenen Weingut mit überwachsener Terrasse. Grandioses Olivenöl aus heimischen Sorten.

*Wein

Coronica

WINZERLEGENDE

A Koreniki 86
52470 Umag
T (+385 52) 73 03 57
W www.coronica.eu

Moreno Coronica ist eine Winzerlegende. Er beherrscht das istrische Terroir wie kaum ein anderer. Sein Spitzenweingut in einer Größe von 20 Hektar findet man acht Kilometer südöstlich von Umag.
Malvasia und Teran sind die Lokalpatrioten im Weinkeller, aber mit seinem „Grabar", einer roten Cuveé aus Merlot und Cabernet Sauvignon, hat er einen der spannendsten Rotweine der Halbinsel geschaffen.

Reiche Ernte für Spitzenwinzer Moreno Coronica

ItIstria

DAS IST ISTRIEN

A Trg Marije i Line 4
52470 Umag
T (+385 99) 27 59 250

Lässiges Weinbar-Café-Shop-Konzept der Winzerfamilie Degrassi. „ItIstria“ heißt, „Das ist Istrien“. Hier trinkt man grandiose Weine zu trendigen Snacks wie Burger, Tapas und Pinse (eine italienische Focaccia aus dem Latium). Immer wieder Livekonzerte. Im Zentrum.

*Olivenöl

Oio de Buščina

OLIVENÖL ZUBIN

A Buščina 18b
52470 Umag
T (+385 52) 73 21 00
W www.oiodebuscina.com

Lassen Sie sich nicht beirren. Die Adresse stimmt. Es ist das Nachbarhaus des Restaurants Buščina, bei dem Sie klopfen müssen. Kaum etwas deutet vor Ort darauf hin, dass es hier eines der weltbesten Olivenöle zu kaufen gibt – „Flos Olei“-Gewinner und zigfach prämiert. Familie Zubin bewirtschaftet 40 Hektar mit über 8.000 Olivenbäumen. Bio-Qualität.

Villa Soši

KONDITOREI & CAFÉ

A Kroz vrtove 2
52470 Umag
T (+385 52) 73 22 28
W www.villasosi.hr

Dragica Lukin ist die Grande Dame der istrischen Konditorinnen. Ihre süße Leidenschaft für Torten, Kuchen, Mignons, Kroštule, Rouladen, Traditionsgebäck und handgegossene Schokolade schmeckt man mit jedem Bissen.

ItIstria

Oio de Buščina

Agroturizam Konoba Milena

GENUSSMANUFAKTUR

A Bačva 3
52463 Višnjan
T (+385 52) 44 93 53
W www.milena.hr
W www.baccala-della-mamma.com

Der Bakalar (Stockfischaufstrich) von Mama Stefanov war so gut, dass jeder etwas davon mit nach Hause nehmen wollte. Grund genug, den „Baccala della mamma“ professionell in feine Gläser zu füllen. Der cremige Kabeljau hat im Süden eine lange Tradition, obwohl er aus dem hohen Norden kommt. Zu kaufen gibt es den Bakalar in verschiedenenen Geschmacksrichtungen im Agroturizam-Betrieb Milena im kleinen Dorf Bačva, zehn Kilometer von Poreč entfernt. Ein landwirtschaftlicher Betrieb mit Genussmanufaktur, Apartments und bodenständiger Konoba.

*Wein

Peršurić

PRICKELNDES VERGNÜGEN

A Pršurići 5a
52463 Višnjan
T (+385 52) 43 15 86
W www.misal.hr

Sektmanufaktur der Familie Peršurić, 13 Kilometer östlich von Poreč. Die sympathischen Schwestern Katarina und Ana stellen ausgezeichnete Schaumweine nach der traditionellen Champagnermethode her.

*Wein

Radovan

VERFEINERTE STILISTIK

A Radovani 14
52463 Višnjan
T (+385 52) 46 21 66
W www.vinaradovan.com

Familie Radovan verfeinert ihren Weinstil mehr und mehr. Mit Passion für Malvasia, Sauvignon Blanc und Chardonnay sowie Merlot, Cabernet Sauvignon und Refošk entstehen Weine mit Charakter und einem vielfältigen Aromenspektrum. Trinkfreude pur.

Peršurić

Radovan

Agroturizam Jadruhi

KULINARISCHES ERBE

A Jadruhi 11
52447 Vižinada
T (+385 52) 44 61 84
W www.jadruhi.com

Ein Familienbetrieb, wie wir ihn lieben, vier Kilometer südlich von Vižinada. Eine traditionelle Konoba mit Steinwänden, Holztramdecke und karierten Tischtüchern, die eine vertraute Atmosphäre schaffen. Küchenchef Marko greift auf die gute alte istrische Küche zurück – ein kulinarisches Erbe dieses gastfreundlichen Hauses. Das Anwesen der Familie Šimonović gleicht einem Schlaraffenland. Hier hängen Würste, Salami und Rohschinken zum Reifen. Malvasia, Chardonnay, Teran, Cabernet Sauvignon und Merlot stammen aus dem eigenen Weinkeller. Das hebt außerdem die kulinarische Stimmung: Auf der Speisekarte entdecken wir auch leichte Meeresfrüchte und Fischgerichte. Zwei Ferienwohnungen zum Dableiben.

Agroturizam Selo Mekiši

HERZHAFTES VOM ROST

A Mekiši 10
52447 Vižinada
T (+385 91) 56 88 635

In diesem freundlichen Familienbetrieb herrscht nostalgisches Flair. Eine offene Feuerstelle gibt es im Inneren, eine zweite auf der schönen Terrasse. Dort brutzeln saftige Fleischstücke – Würstel, Schweinekoteletts und Rindersteaks. Auch die selbstgemachte Pasta und die gehaltvolle Maneštra sind Gründe, hier einzukehren. Abschließend folgen eine Ricottatarte mit Feigenmarmelade und ein Schluck Biska als Verdauungsschnapserl.

Schinkenmanufaktur Fatorić

KÖSTLICHE SCHWEINEREI

A Ferenci 36a
52447 Vižinada
T (+385 52) 44 61 46

Top-Adresse für istrischen Pršut, Wurstwaren, Speck, Osso Collo und andere Fleischspezialitäten. Die Schweine werden auf dem Bauernhof selbst gezüchtet. In der hauseigenen Konoba kommt Traditionsreiches auf die Teller.

Agroturizam Jadruhi

Weingüter bei Vižinada

Reife Malvasia-Trauben

Franc Arman

VON GENERATION ZU GENERATION

A Narduči 5
52447 Vižinada
T (+385 91) 57 40 498
W www.francarman.hr

Geschichte kann man sich nicht kaufen. Die hat man. Bereits 1850 haben Vorfahren der Familie Arman die ersten Weinstöcke gepflanzt. Vater Franc und Sohn Oliver bündeln Tradition mit Leidenschaft und Wissen. Das Ergebnis: Spitzenqualität.

Marijan Arman

TRINKFREUDE

A Narduči 3
52447 Vižinada
T (+385 52) 44 60 94
W www.arman.hr

Zigfach ausgezeichnetes Weingut (13 Hektar) bei Poreč. Nina und Ines Arman führen das Lebenswerk und Erbe ihres Vaters, des bekannten Weinpioniers Marijan Arman, mit viel Engagement fort. Der Schwerpunkt? Malvasia und Teran. Wunderschöne Aussichtsterrasse.

Pilato

STILSICHERHEIT

A Lašići 2
52447 Vižinada
T (+385 52) 44 62 81
W www.vina-pilato.com

Gestandener Familienbetrieb im Westen Istriens im kleinen Dorf Lašići. Hier bekommt man einen guten Einblick in die Arbeit auf dem Weingut. Im urigen Verkostungsraum wird tüchtig aus den modern designten Flaschen eingeschenkt.
Top: die Stilsicherheit der unterschiedlichen Linien.

Rossi

SEIT 1885 – MIT DESTILLERIE

A Bajkini 10
52447 Vižinada
T (+385 91) 33 55 604
W www.vinarossi.com

Sehr gefragte Adresse für guten Wein und feine Destillate. Die Produktpalette wächst von Jahr zu Jahr. Egal ob weiß oder rot, diese edlen Tropfen zeigen spannende Facetten. Familie Rossi produziert neben Top-Weinen auch erfolgreich Gin, Brandys, Teranino, Biska, Honiglikör, Amaro usw. Sehr kompetente Degustationen mit kulinarischen Überraschungen.

Vodnjanka

Vodnjanka

ÜBER DEN DÄCHERN DER STADT

A Istarska ulica 22
52215 Vodnjan
T (+385 52) 51 14 35
W www.vodnjanka.com

Zwei auf einen Streich. Familie Celija führt zwei Lokale unter dem Namen „Vodnjanka": seit über 40 Jahren das bodenständige Stammlokal im westistrischen Vodnjan sowie seit 2019 die schicke Dependance in der kroatischen Hauptstadt Zagreb. Das erfolgreiche Mutter-Tochter-Duo Svetlana und Ivana Celija widmet sich in beiden Betrieben der traditionellen istrischen Küche, die im verfeinerten Rahmen ansprechend präsentiert wird.
Heute nehmen wir auf der Terrasse über den Dächern von Vodnjan Platz, sitzen unter Weinlaub mit Blick auf den Campanile und genießen den Sonnenuntergang. Schön. Bereits beim Betreten des historischen Steinhauses haben wir auf dem Weg nach oben die hausgemachten Mehlspeisen entdeckt. Ja, es gibt sie – die legendäre Mandeltorte. Zuerst aber werden Olivenöl aus eigener Produktion zusammen mit frischgebackenem Brot und Fritule gereicht. Das Hefegebäck kannten wir bisher ausschließlich in süßer Form. Diese Teigbällchen sind pikant gewürzt und mit Lauch versehen. Eine kräftige Maneštra später kommen selbstgemachte Fagottini auf den Tisch. Das sind kleine Säckchen aus Nudelteig, gefüllt mit Boškarin-Feisch. Dazu gesellen sich knackige Eierschwammerl. Die butterzarten Rindsbäckchen werden von einer Kräuterpolenta begleitet, das gegrillte Landschwein von gebratenem Skuta, frittiertem Sellerie und Kartoffeln. Im Weinangebot finden sich erlesene istrische Top-Winzer sowie kleine, unbekannte Produzenten. Das Servicepersonal ist flink und herzlich. Ein sportliches Team, schließlich gilt es, die schweren Tabletts mit Geschirr, Besteck und Gläsern über die vielen Stufen auf die Dachterrasse zu balancieren. Das ist mörderanstrengend. Ich werde mich nie wieder über unseren Gastgarten in Kärnten beschweren, wenn ich meine Servicerunden über den weichen Kies drehe.

Medea

*Wein

Medea

WEIN UND OLIVENÖL

A Željeznička 15
52215 Vodnjan
T (+385 52) 51 20 20
W www.medea.hr

Das Weingut Medea zählt zu den Perlen Istriens. Sechs verschiedene Rebsorten werden gekeltert und ebenso viele Olivenöle unter dem Namen „Salvela" produziert. Fescher Verkostungsraum mit Shop.

Stancija Buršić

SCHINKENMANUFAKTUR KOD MILANA

A Fažanska 25
52215 Vodnjan
T (+385 98) 99 72 999
W www.istarskiprsut.com

Bunte Werbeschilder weisen den Weg. Familie Buršić stellt in ihrer bekannten Manufaktur original-istrischen Pršut her. Zu verkosten in der netten Konoba mit Verkaufsladen. Auch eigenes Olivenöl, Salami, Trockenwurst, Speck.

Rund um Vodnjan findet man besonders viele Olivenölproduzenten. Kein Wunder, dass die gesamte Landschaft um das entzückende Städtchen herum silbergrün schimmert.

Brist

STYLISHE FLASCHEN

A Trgovačka 40
52215 Vodnjan
T (+385 95) 56 24 111
W www.brist-olive.hr

Kleiner, familiärer Betrieb mit sehr sympathischen Besitzern. Hervorragende Öle, schick designte Flaschen, feiner Laden mitten in der langen Geschäftsstraße von Vodnjan.

Cadenela

PASSION FÜR GUTES

A Fažanska cesta 38a
52215 Vodnjan
T (+385 99) 64 93 844
W www.cadenela.com

Bio-Olivenöl von ausgezeichneter Qualität. Familie Lupieri produziert drei Sorten Olivenöl: die Cuveé „St. Lucia“, ein kräfiges Olivenöl für Fleisch, sowie ein eigenes Olivenöl für Kinder mit weniger Bitterstoffen. Nette Idee: eine Patenschaft für einen Olivenbaum übernehmen.

Chiavalon

SPITZENPRODUKTE

A Salvela 50
52215 Vodnjan
T (+385 98) 44 15 61
W www.chiavalon.hr

Die Chiavalon-Brüder Sandi und Tedi machen keine halben Sachen und setzen ausschließlich auf die autochthonen Sorten Buža, Istarska bjelica, Moražola, Crnica und Rožinjola. Aushängeschild ist das Blend „Ex Albis“. Toller Verkostungs- und Verkaufsraum. Dort entdecken wir auch selbst hergestellte, ungezuckerte Tomatensauce im Glas. Bio-Qualität.

Brist

Cadenela

Olivenöl rund um Vodnjan

Meloto

GRÜNES GOLD

A San Rocco 22
52215 Vodnjan
T (+385 52) 51 10 35
W www.meloto.com

Familie Belci gehört zu den spannendsten Olivenölherstellern Istriens. Sie ist bekannt für aromatische, pikante Öle, die nicht zu bitter sind.

Oleum Maris – Oio Vivo

IM SÜDEN ISTRIENS

A Puljska cesta 200
52215 Vodnjan
T (+385 52) 51 23 51
W www.oio-vivo.com

Know-how und Leidenschaft treffen in dieser Manufaktur aufeinander. Sechs Sorten Oliven, 56 Hektar Fläche, 15.000 Bäume – der größte Olivenhain im Süden Istriens. Das „Oio Vivo" konnte sich unter die besten 20 Olivenöle weltweit platzieren. Trendiger Shop mit fachkundigen Verkostungen. Südlich von Vodnjan, Richtung Pula.

Tonin

TOP-QUALITÄT

A Istarska 28
52215 Vodnjan
T (+385 52) 51 15 99
W www.tonin.fullbusiness.com

Dieses Olivenöl rangiert unter den besten in ganz Istrien. Traditioneller Familienbetrieb.

Chiavalon

Oleum Maris

Über 1,5 Millionen Olivenbäume bilden die Basis für das unverwechselbare istrische Olivenöl. Seit Jahren küren die Profitester des bedeutendsten internationalen Olivenölführers „Flos Olei“ Istrien zur besten Olivenölregion der Welt. Die Spitzenqualität schmeckt man Tropfen für Tropfen.

1. Mein Credo: Ich kaufe nie im Supermarkt, nie an Touristenständen, nichts aus dem Schaufenster. Dann kann nicht mehr viel schiefgehen.

2. Folgen Sie den grünen Schildern, auf denen in kroatischer Sprache „cesta maslinova ulja“ und auf italienischer Sprache „la strada dell'olio d'oliva“ steht. Sie führen die Olivenölstraße entlang, zu den richtig guten Adressen.

3. Besuchen Sie namhafte Produzenten. Geheimtipps gibt's immer, sie lassen sich aber für Olivenöl-Neulinge kaum als solche erkennen. Ein sicherer Tipp ist es, direkt bei den Olivenöl-Mühlen zu kaufen.

4. Fruchtigkeit, Bitterkeit, Schärfe – und die Farbe. Die Olive ist von Natur aus eine bittere, scharfe Frucht – das leichte Kratzen im Hals zu Beginn ist ein gutes Zeichen. Dann besitzt das Öl nämlich einen hohen Anteil antioxidativ wirkender, gesunder Polyphenole. Jeder Produzent lässt Sie gerne probieren oder bietet Verkostungspakete. Die Farbe sagt nichts über die Qualität aus, solange sie in tiefgrünen bis goldgelben Tönen leuchtet.

5. Ein einziges Olivenöl für sämtliche Gerichte und Zubereitungsarten gibt es nicht. Kenner haben meist drei verschiedene Sorten zu Hause: ein mildes Öl für Salate, ein intensiv-fruchtiges für Fisch und Krustentiere sowie ein pikantes Öl mit markanter Bitternote für Fleischgerichte.

Flüssiges Gold: istrisches Olivenöl

Verlassen Sie sich auf Ihren eigenen Gaumen und Geruchsinn, denn jedes Öl schmeckt anders.

Ohne Olivenöl geht in der istrischen Küche gar nichts.

6. Sortenvielfalt. Zu den autochthonen Olivensorten, die in Istrien gedeihen, kommen ebenso viele internationale Sorten hinzu. Jede steht für sich in ihrem Aroma, das macht das Genussspektrum des istrischen Olivenöls so spannend. Die bekanntesten einheimischen Sorten heißen Buža, Istarska bjelica, Črnica, Rošulja und Oblica. Bei den aus Italien eingeführten Arten dominieren Frantoio, Leccino und Pendolino. Wie beim Wein gibt es auch beim Olivenöl hochwertige Cuvées bzw. Verschnitte mehrerer Sorten. Die nennt man Blend. Das istrische Olivenöl ist in seiner Herkunft durch die EU geschützt. Stehen die Wörter „nativ“ und „extra“ oder „extra vergine“ auf dem Etikett, handelt es sich um ein Erzeugnis der höchsten Qualitätsstufe.

7. Gutes Olivenöl hat seinen Preis. Günstige Flaschen sind mit Vorsicht zu betrachten. Von Kanistern mit literweisem Fassungsvermögen lassen wir die Finger. Kaufen Sie frisches Olivenöl und lagern Sie es lichtgeschützt.

Konoba Petra

Konoba Petra

DAS BESTE AUS ÖSTERREICH, FRANKREICH UND ISTRIEN

A Stancija Kapetanova 3
52450 Vrsar
T (+385 98) 36 75 19
W restoran-petra.eatbu.hr

Essen wie Gott in Frankreich. Oder besser gesagt: wie Trippolt in Istrien. Denn heute geht es uns wieder sehr gut. Wir nehmen an den liebevoll gedeckten langen Holztischen auf der Terrasse der Konoba Petra Platz. Schwarze Kreidetafeln verraten uns bereits die Köstlichkeiten, die Fabrice Lenoir in seiner Küche bereithält. Gastgeberin Petra ist gebürtige Steirerin und führt mit ihrem Mann aus Frankreich diese gemütliche Konoba südlich von Vrsar, am Eingang des Limski-Kanals. Petra hat Schwung und Elan für mindestens drei Personen, dabei versprüht sie auch noch eine Freundlichkeit und Lebensfreude, die ihresgleichen sucht.
Die Gerichte von Fabrice sind die perfekte Ergänzung und das Ergebnis aus Erfahrung, Kreativität und einer gehörigen Portion Können. Keinesfalls auslassen sollte man die überbackenen Miesmuscheln, einen Klassiker des Hauses. Die kulinarische Vielfalt zeigt sich Teller für Teller: Da wäre eine grandiose Piccata vom Seeteufel, ein zartes Kaninchen in einer spannenden Senf-Gin-Sauce, exzellente Tempuragarnelen auf Ananascarpaccio, Granatapfel und Kresse. Das Motto der Lenoirs: Weg vom Mainstream, hin zum kulinarischen Ideenreichtum. Liebevoll angerichtet zeigt sich die Tarte Tatin mit Tomaten, Ziegenkäse und Pršut, eine Klasse für sich ist die istrische Paella. Zum Abschluss zeigt sich das Faible für besondere Desserts: Da gibt es zum einen eine schicke Pavlova, eine Pfirsichtarte mit Crumble oder ein Tatar von frischen Erdbeeren mit Olivenöl, süßen Waffeln und Basilikumcreme.

Café L'Angelique

KAFFEE & KUCHEN

A Orlandova 47
52450 Vrsar
T (+385 98) 95 70 352

Das kleine Café am Fuße der Kirche: ein entzückendes, ja fast verwunschenes Plätzchen zum Verweilen. Sympathische Gastgeber, selbstgemachte Kuchen, Bio-Kaffee, istrische Top-Weine. Sollte ich meine Romanreihe verwirklichen (Teil eins liegt in der Schublade), müsste der Istrien-Teil an genau diesem Schauplatz spielen.

Trošt

HAFEN-IDYLL

A Obala Maršala Tita 1a
52450 Vrsar
T (+385 52) 44 51 97
W www.restoran-trost.hr

Große, alteingesessene Konoba im Hafen von Vrsar. Meer und schunkelnde Boote bilden eine perfekte Kulisse. Klassiker der Hinterlandsküche wie butterweiches Kalbfleisch aus der Čripnja und Trüffelpasta stehen ebenso auf der Speisekarte wie leichte mediterrane Gerichte: frische Muscheln, Tintenfischrisotto, Scampi Buzara, Linguine mit Krabbenfleisch. Auf der offenen Feuerstelle wird immer gegrillt. Schokosouffleé und Ricottatorte mit weißer Schokolade bilden einen gelungenen Abschluss. Schöne Auwahl an istrischen Weinen.

Café L'Angelique

Trošt

La Casa di Matiki

SEHNSUCHTSORT IM GRÜNEN

A Matiki 14
52341 Žminj
T (+385 98) 29 90 40
W www.matiki.com

Fragt uns jemand nach Istrien, lautet die Antwort „Žminj". Ein kleines Dorf im Grünen, 25 Kilometer östlich von Rovinj. Mit traditionellen Steinhäusern, versteckten Kažuni, silberschimmernden Olivenbäumen und mehr Tieren als Menschen. Hühner gackern, Esel blöken, dazwischen bellt ein Hund. Trotzdem haben wir unsere selige Ruhe. Zwischen Weinreben und Trockenmauern. Zwischen Feigenbäumen und Lavendelsträuchern. Zwischen Zitronen und Rosen. Auf der Halbinsel voller Wunder ist die Casa di Matiki wohl eines der größten. Dort fühlen wir uns mit der ganzen Familie wohl. Denn Sonja Glavić führt keinen gewöhnlichen Agriturizam-Betrieb, auch wenn ihr Landgut zum besten B&B Kroatiens gewählt wurde. Es ist die Art und Weise, wie sie ihr Haus, ihr Heim für ihre Gäste öffnet. Inspiriert, voller Energie und Herzensgüte, mit fortschrittlichem Denken, ihrer Intuition folgend und mit Plänen für eine Trillion Jahre.

Sonja Glavić in ihrer Casa di Matiki

Die Gäste schlafen in stilvollen Lavendelhäusern, die ein Flair wie aus einem „Schöner-Wohnen"-Magazin versprühen, im feschen Apartment „Pergola" neben dem Hühnerstall, in einem der gemütlichen Zimmer im Haupthaus oder im Heu bei den Eseln. Dort hat Sonja ein uriges Hideaway eingerichtet. Am Morgen warten bereits die Hunde Obama II und Tiffany schwanzwedelnd auf eine freundliche Begrüßung, auch die Katzen Lulu und Jazz schauen kurz vorbei. Während wir am Morgen die ersten Runden im Swimmingpool drehen, fischt Sonja die frischgelegten Eier aus dem Hühnerstall. Zuvor hat sie den Skuta von einer Bäuerin im Dorf geholt, Brot gebacken, selbstgemachte Marmelade abgefüllt. Aus dem Backofen duftet der Ricottakuchen. Während wir den ersten Espresso schlürfen, geht die Tür auf, und der gut gelaunte Milan tritt ein – beladen mit seinen fabelhaften Würsten und Speck. Auch er bekommt Kaffee eingeschenkt und beginnt die Würstel fein aufzuschneiden. Sonja verfeinert indes die Palatschinken mit Zitronenzesten und das Rührei mit Salbeiblättern. Das alles braucht Zeit. Zeit, die wir uns im Urlaub nehmen. Denn Zeit zu haben, ist eine Entscheidung, die an einem Ort des „Nichtmüssens", der Wertschätzung und des Vertrauens noch mehr wiegt. Sich dermaßen aufgehoben zu fühlen, hat mit viel Liebe, unerschöpflichem Engagement und Empathie zu tun. Danke, Sonja, für dein Istrien.

Puli Pineta

Puli Pineta

DAS BESTE KOMMT ZUM SCHLUSS

A Karlov Vrt 1
52341 Žminj
T (+385 98) 99 11 795

Skuta. Ich liebe diesen Frischkäse. Bestimmt habe ich bereits mein Eigengewicht an Skuta gegessen. Bevor ich das Weiße in Ihren Augen sehe – ja, das ist wirklich viel. Es handelt sich dabei um eine Art Ricotta, der aus Molke von Kuh-, Schaf- oder Ziegenmilch gewonnen wird. Mild im Geschmack, weich, herrlich cremig und fast schmelzend in seiner Textur. Wo auch immer ich in Istrien auf einer Speisekarte ein Gericht mit Skuta entdecke, bestelle ich es: egal ob pikant oder süß. Das beginnt bereits beim Frühstück. Skuta mit ein bisschen Feigenmarmelade. Zu Mittag mit Scampi crudo und Olivenöl oder in Teigtaschen gefüllt. Als Dessert. Wie in der Konoba Puli Pineta in Žminj.
Das ist ein unkompliziertes, nettes und authentisches Lokal in einer kleinen Wohnsiedlung. Im Sommer lässt es sich im weinbelaubten Gastgarten vor dem Haus gut sitzen. Im Inneren vermitteln Omas Anrichte, hängende Waffenräder, alte Holztruhen, irdene Krüge und historische Radiogeräte einen schrulligen, aber sehr heimeligen Eindruck. Außerdem wärmt der offene Kamin, auf dessen Rost allerhand Köstlichkeiten brutzeln. Paula Pucić ist in die kulinarischen Fußstapfen ihres verstorbenen Schwiegervaters, des bekannten Kochs und Gastronomen Josip Kuhar, getreten.
Ihre Landküche besteht aus ehrlichen Gerichten, die einfach und stimmig sind. Am besten starten Genießer mit handgeschnittenem Pršut, Käse, Wurst und eingelegten Pilzen. Pasta gibt es in traditioneller Form: als Pljukanci, Fuži oder Ravioli. Spannend ist die Kombination von Bratwürsteln und Trüffelnudeln. In dieser Form haben wir das noch nie gegessen. Gebratene Schweinelenden und eine Tagliata vom Rind mit knusprigen Kartoffelscheiben und gegrilltem Gartengemüse ergänzen die kleine Speisekarte. Löffelweiches Kalbfleisch oder Lamm aus der Čripnja bereitet Paula auf Vorbestellung zu. Dazu trinke ich als Hauswein Malvasia oder Merlot. Dann endlich Dessert! Skuta mit Honig, Eiscreme, fein geriebenen Walnüssen und Zitronenzesten. Das Beste kommt zum Schluss.

Käserei Latus

MILCH- & KÄSEBAR

A Gornji Orbanići 12d
52341 Žminj
T (+385 52) 84 62 15
W www.mljekaralatus.hr

Namhafte Käserei mit sehr schick gestalteter Milch- und Käsebar. Die Verkostungen sind ein Genuss für Auge und Gaumen. Spannend sind vor allem die Käsesorten in unterschiedlichen Reifestadien. Auch Frischmilch, Joghurt, Milchshakes.

Pizzeria Ulika

BEST OF PIZZA

A Pazinska 2i
52341 Žminj
T (+385 52) 84 64 76

Für uns eine der besten Pizzerias Istriens. Der Holzofen wird dauerhaft befeuert, denn es ist immer viel los. Der Pizzateig überrascht: außen knusprig, innen wunderbar flaumig. Die Zutaten kommen fast alle von den Nachbarn und aus der unmittelbaren Umgebung: Pršut der Familie Jelenić, Käse „Veli Jože“ der Familie Orbanić von „Latus“, die Salami bringt Milan Udovičić von „Žminjski gušti“. Dazu heben wir handgebrautes istrisches Bier („Bura“, „Kampagnola“) oder ein Gläschen Malvasia des nahegelegenen Weingutes In Sylvis. Neue Terrasse. Viele Einheimische.

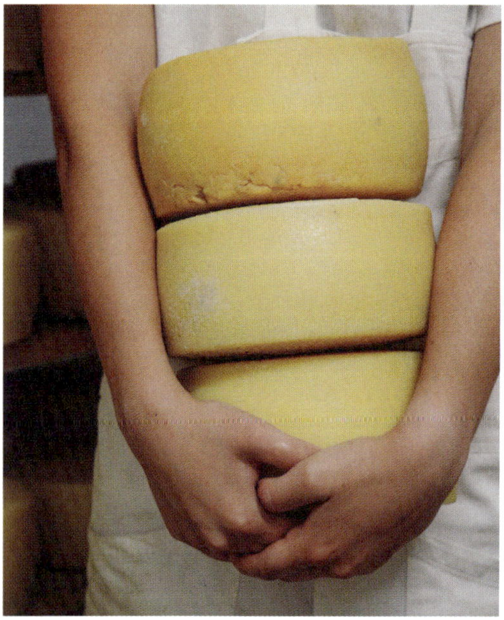

Käserei Latus

Pizzeria Ulika

Milan Udovičić in seiner kulinarischen Schatzkammer

Žminjski gušti

ES GEHT UM DIE WURST

A Supetarska ulica 3
52341 Žminj
T (+385 91) 16 24 317

Sie müssen unbedingt das Gesicht von Milan Udovičić sehen, wenn er seine kulinarische Schatzkammer öffnet. Dann wackelt sein Schnauzbart lustig hin und her und wandert automatisch nach oben. Noch nie haben wir den Produzenten aus Žminj mit hängenden Mundwinkeln gesehen. Ein herzensguter Sympathieträger, der mit großer Leidenschaft getrocknete Fleischspezialitäten herstellt: In seinem Reiferaum hängen istrische Trockenwürstel, Salami, Speck, Ombolo und Osso Collo wie im Schlaraffenland von der Decke bis zum Boden. Das Schweinefleisch stammt aus Freilandhaltung. Milan verwendet zum Veredeln traditionelle Gewürze wie Lorbeer und Rosmarin, dazu kommen Meersalz, Pfeffer, Knoblauch und ein Schlückchen Malvasia zum Abrunden. Danach werden die köstlichen Stücke luftgetrocknet: Wochen, Monate, der Schinken über ein Jahr. Der natürliche Edelschimmel sorgt für den einzigartigen Duft und Geschmack des Fleisches. Milan produziert keine Massen, sondern gerade so viel, wie er alleine bewerkstelligen kann. Abnehmer sind die heimischen Betriebe, außerdem präsentiert der Istrianer seine Produkte unter der Marke „Žminjski gušti" an seinem Marktstand auf kulinarischen Festen. Nette Idee: „Wurst to go" – würzige Wurstscheiben im Papierstanitzel mit Brot für einen Snack zwischendurch. Sehr geschmackvoll: Würstel mit schwarzen Trüffeln. Was uns gefällt: Milans Begeisterung und Zufriedenheit in seinem Tun. Die Wertschätzung gegenüber seinen Produkten sieht und schmeckt man. Viele regionale und nationale Auszeichnungen und Zertifikate hängen in seiner kleinen Manufaktur. Das wichtigste hängt in der Mitte: eine bunte Kinderzeichnung, die einen schnauzbärtigen Mann mit einer Wurst in der Hand zeigt. Daneben steht auf Englisch: „Der beste Mann in Kroatien ist Milan." Wir schauen auf den Speck- und Wursthimmel über der Zeichnung und auf Milan und wissen: Es stimmt.

*Trüffel

Agroturizam Nežić

CHARMANT & FAMILIÄR

A Zrenj 11
52428 Zrenj
T (+385 52) 64 42 85

Frisch, ehrlich, geschmackvoll: So wird in dieser rustikalen Konoba nordöstlich von Oprtalj gekocht. Kulinarisch spiegelt sich auf der Speisekarte das Hinterland wider: gegrillter Käse, Polenta oder Tagliatelle mit Trüffeln, Gulasch mit Gnocchi, Bratwurst, Naturschnitzerl, flaumige Mehlspeisen.

Agroturizam Tončić

BELIEBTE ADRESSE

A Čabarica 42
52428 Zrenj
T (+385 52) 64 41 46
W www.agroturizam-toncic.com

Es ist schon ein ganz besonderer Platz, den Familie Tončić da geschaffen hat. Abseits der Touristenpfade, sieben Kilometer nordöstlich von Oprtalj, werden die Gäste in dem gediegenen Steinhaus mit herzlicher Aufmerksamkeit umsorgt. Die eigene Landwirtschaft bietet die Grundlage der geschmackvollen Küche: Pršut, Wurst, Speck, Salami, Käse bis hin zu Olivenöl und Wein werden von den Tončićs selbst hergestellt. Lamm- und Schweinefleisch stammen ebenfalls vom Hof, das Gemüse wächst im Garten.
Ein großer Trumpf im kulinarischen Ärmel sind die Trüffeln, die Sandro Tončić mit seinen Trüffelhunden aufstöbert. Über Eierspeise, Pasta und Steak gehobelt ein herrlicher Genuss. Unbedingt probieren: die selbstgemachten Mehlspeisen wie Apfelstrudel, Schokoladentorte, Himbeer-Joghurttorte, Waldbeer-Crostata, Feigenkuchen, Nusspotize. Alles in allem: ein ländliches Juwel mit schöner Terrasse und Blick über das Mirnatal.

Agroturizam Tončić

Mediterrane Zitronentarte

Bereits vor Jahren haben Josef und Sonja von der Casa di Matiki in Žminj getauscht: Sauerteig-Rezept gegen Zitronentarte-Rezept. Zeigt Josef unserer Gastgeberin in Istrien, wie man Schwarzbrot bäckt, rückt die gesamte Nachbarschaft an. Sehnen wir uns zu Hause nach dem nahen Süden, ist dieser erfrischende Kuchen von Sonja die willkommene Erinnerung.

SO BÄCKT JOSEF DIE ZITRONENTARTE

1. In einer Kasserolle den Zitronensaft, die Eier, die Butter und den Kristallzucker unter ständigem Rühren ca. 6–7 Minuten auf 80 °C erhitzen, bis eine homogene Creme entsteht.

2. Die Creme durch ein Sieb streichen, den Zitronenabrieb beigeben und kalt rühren.

3. Die beiden Teigstücke rund ausrollen und eine Hälfte leicht überlappend in die Tarteform drücken.

4. Die Zitronencreme eingießen und mit der zweiten Teigplatte bedecken. Die Enden zusammendrücken und in Form schneiden.

5. Im vorgeheizten Ofen bei 180 °C ca. 25 Minuten backen.

ZUTATEN FÜR EINE TARTE

Für den Teig:
300 g Mehl, glatt
150 g Staubzucker
100 g Butter, handwarm
1 Ei plus 1 Eigelb
1 Prise Salz
1 TL Backpulver
1 TL Vanillezucker

Zubereitung Teig:
Alle Zutaten zu einem glatten Teig verarbeiten, in zwei gleich große Stücke teilen und kurz rasten lassen.

Für die Zitronencreme:
3 Zitronen, Saft und Abrieb
3 Eier
20 g Butter, zerlassen
100 g Kristallzucker

1 runde Tarteform, eingefettet

TIPP

» Lauwarm serviert schmeckt der Kuchen am besten.

Slowe nisches Istrien

Lokale Zutaten, außergewöhnliche Geschmäcker, spannende Küchenstile: Das slowenische Istrien lockt als eine besonders ergiebige Destination für Feinschmecker.

150–189

Slowenisches Istrien

2

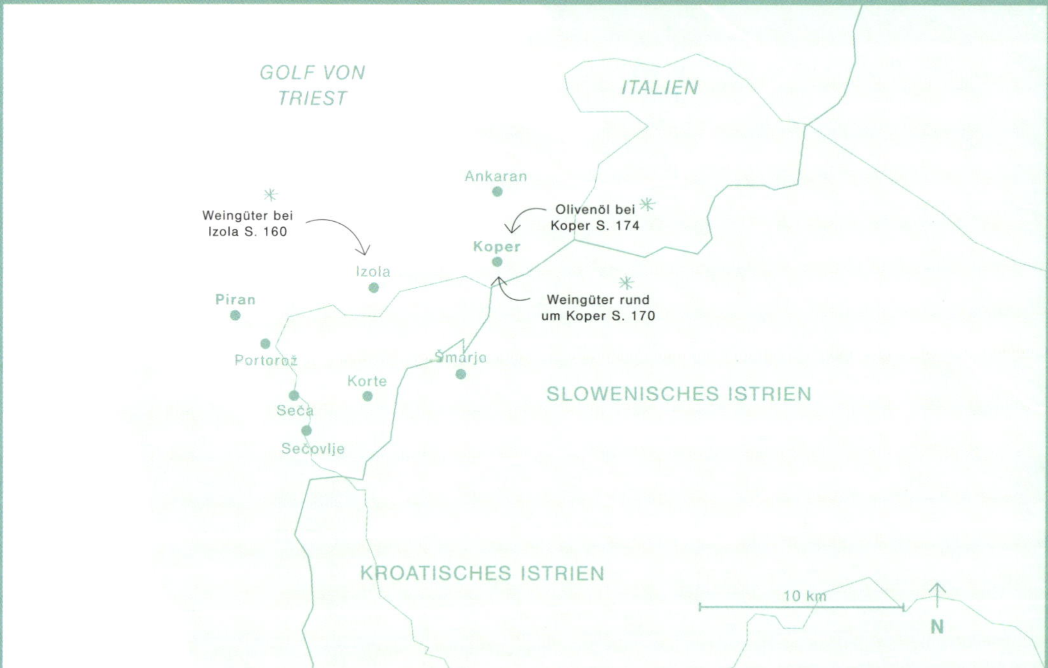

Mehr als Meer

Diese einzigartige Region duftet nach dem Salz des Meeres, nach dem Grün der Oliven, nach mediterranen Kräutern und steht für eine eigenständige Lebenskultur.

Als slowenisches Istrien wird die Region von Ankaran, Koper, Izola, Piran und Portorož plus Hinterland bezeichnet. Sie gehört zur „Primorska“, dem slowenischen Küstenland. Im Nordwesten der Halbinsel gelegen, zeigt sich die Landschaft als mediterranes Juwel zwischen Italien und Kroatien. Die Küste misst von den Gärten Ankarans bis zu den Salzfeldern von Sečovlje nur 46 Kilometer, aber die haben es in sich. Hier findet man romantische Buchten, malerische Städtchen, mondäne Seebäder, eine geschäftstüchtige Hafenstadt und Riviera-Feeling vom Feinsten.

Zur Zeit der venezianischen Herrschaft war Koper die Hauptstadt Istriens. Sie ist die größte Stadt mit ihrer versteckten Altstadt und dem brummenden Hafen. Hauptattraktion der Region ist die entzückende Altstadt von Piran. Das lebendige Portorož zeigt sich als Tourismusmetropole, Izola schlüpft in der Rolle des ruhigeren Geheimtipps. Sehr empfehlenswert: das idyllische Hinterland.

Bild links: Blick über die Weingärten auf Koper

Bild vorige Seite: Piran – Perle an der Adria

Gordia

ORANGE WINE

A Kolomban 13b
6280 Ankaran
T (+386 41) 80 66 45
W www.gordia.si

Schöne Aussichten! Andrej Cep-Gordia keltert hoch über Ankaran fantastische Orange Wines. Bei uns immer noch ein Geheimtipp, dabei ist der Winzer einer der Arrivierten seiner Szene. Auf Wunsch wird man hier auch großartig bekocht.

Gordia

Andrej Cep-Gordia in seinem Weingarten

Marina

Marina

BIN SCHON UNTERWEGS

A Veliki trg 11
6310 Izola
T (+386 5) 66 04 100
W www.hotelmarina.si

Für die einen ist es Mordor – das Reich des Bösen. Für die anderen ist es die genialste Erfindung seit dem vorgeschnittenen Brot: Social Media. Ich setze mich schon viel zu lange mit Instagram und Facebook auseinander. Twitter habe ich versäumt, und für TikTok bin ich zu alt. Aber ich gebe zu: Foodfotos in den sozialen Netzwerken haben auf mich eine magische Anziehung. Sehe ich auf der Instagramseite des Restaurants Marina eine Pasta mare oder Scampi Buzara, können Sie sich sicher sein, dass ich bereits mit einem Bein im Auto bin, um Richtung Izola zu fahren.

Das Zwei-Hauben-Restaurant im Hafen zählt zu meinen absoluten Lieblingsrestaurants (mit Hotel) an der slowenischen Riviera. Im Sommer spielt sich das kulinarische Geschehen auf der weitläufigen Terrasse am Meer ab. Der geniale Ivica Evačić-Ivek steht dem Marina seit dem Jahr 2003 als Küchenchef vor. Es spricht sehr für das Haus, dass dieser Spitzenkoch so lang an Bord gehalten werden konnte. Denn die vielen Stammgäste schätzen die Beständigkeit seiner gehobenen mediterranen Gerichte. Die zarten Scampi crudo könnten von ihrer geschmacklichen und optischen Umsetzung nicht besser sein. Zum Niederknien ist auch das Thunfischtatar. Ein breites Grinsen auf allen Seiten erntet die gratinierte Polenta mit Bakalar, cremiger Garnelenmousse und frischen Trüffeln. Im Frühling verwandelt Ivek diesen Gang in einen Brodetto (Fischeintopf). Trommelwirbel! Jetzt kommt der Grund meiner Anreise: die „Pasta mare" – selbstgemachte Bavette mit feinen Scampi, Garnelen, Venus- und Jakobschmuscheln. Sämig tomatisiert, der Geschmack des Meeres in subtil aromatischer Form. Besser geht es nicht. Auch die Weinkarte sorgt für Begeisterung. Der Schwerpunkt liegt auf slowenischen Anbaugebieten – darunter sind mindestens 15 Orange Wines zu finden. Ein legendäres Signature Dish möchte ich Ihnen an Ihr kulinarisches Herz legen: Wolfsbarsch in Mandelkruste auf Mangoldkartoffeln im Duett mit Oktopus und Wurzelgemüsepüree. Das Holunderdessert sieht aus wie ein süßer Schneeball. Ein runder, heller Kuchen, gefüllt mit feinem Lemon Curd und Erdbeereis. Sie würden gerne sehen, wie die Gerichte aussehen? Dann folgen Sie mir auf Facebook oder Instagram.

Bujol

AUTHENTISCH ESSEN

A Verdijeva ulica 10
6310 Izola
T (+386 41) 79 94 90
W gostilna-bujol.com

In diesem einfachen, sympathischen Fischlokal am bekannten Mazzioli-Platz in der Altstadt ist immer viel los. Auf die rustikalen Holztische kommen traditionelle Gerichte: Fischeintopf, Bakalar, marinierte Sardellen, Calamari, Muscheln, Pasta. Dazu spannende Orange Wines.

Caffè alle Porte

FÜR JEDE TAGESZEIT

A Koprska ulica 1
6310 Izola
W www.caffealleporte.bora.si

Wohlfühlcafé und Aperitiflocation mit unverwechselbarer Holzfassade und schickem Gastgarten. Ausgezeichneter Espresso, süße Waffeln, Tiramisu im Glas, bunte Drinks, Rohschinken, Salami, Oliven.

Café Diana

*Eis

EISDIELE, KAFFEEHAUS & KONDITOREI

A Drevored 1. Maja 2
6310 Izola
T (+385 41) 33 90 61

Stilvolles Café beim Pietro-Coppa-Park. Neben klassischen Eissorten auch kreativ Gefrorenes wie Ingwer-Minz-Eis, Sachertorteneis, Nusspotizeneis. Auch Brioche, Cremeschnitten und zahlreiche Torten stehen zur süßen Auswahl.

Doro

GRILLSPEZIALITÄTEN BEIM PARK

A Trg padlih za svobodo 3
6310 Izola
T (+386 5) 64 17 496

Ein unkompliziertes Gasthaus, in dem das Feuer am Holzkohlegrill nie ausgeht. Vom Rost kommen Huhn, Calamari, Koteletts, Steaks, Spareribs und Ćevapčići. Im Sommer nimmt man auf der großen Terrasse unter Kastanienbäumen beim Park Platz.

Fina Isolana

Fina Isolana

GEWÜRZMANUFAKTUR

A Gregorčičeva 38
6310 Izola
T (+386 41) 38 82 43
W www.finaisolanashop.com

Familie Kolman stellt mit viel Esprit feine Gewürzmischungen, Salze und Kräutertees her. Die Basis der Gewürzmischungen bildet das Meersalz aus den Salinen von Sečovlje, veredelt mit heimischen Kräutern und Gewürzen rund um Izola. Sehr ansprechendes Design, beeindruckende Vielfalt. Fescher Shop in der Altstadt.

Fischmarkt Levante

MEERESFRÜCHTE & FISCH

A Veliki trg 12
6310 Izola
T (+386 51) 33 66 30
W www.levante.si

Schön sortierte Fischboutique neben dem Hotel „Marina“ im Hafen. Der Fisch kommt aus dem eigenen Fang, den Netzen lokaler Fischer und aus hochwertiger Zucht. Auch istrischer Wein, Olivenöl, Salz aus Piran, Gewürzmischungen.

Gušt

ISTRISCHES BISTRO

A Drevored 1, Maja 5
6310 Izola
T (+386 31) 60 60 40

Unkompliziertes, sehr beliebtes Lokal im Bistrostil. Mit ambitionierter Tellerarchitektur und einem breiten kulinarischen Angebot: Pizza, Pasta, Fisch, Meeresfrüchte und Fleisch.

Fina Isolana

Fischmarkt Levante

Kamin

ÜBER DEM MEER

A Dobrava 1a
6310 Izola
T (+386 5) 66 05 666
W www.belvedere.si

Vergessen Sie nicht, beim Servicepersonal Ihre Bestellung aufzugeben. Denn bei dieser umwerfenden Aussicht auf die Meeresbucht, den Hafen und die Altstadt von Izola kann es einem glatt die Sprache verschlagen. Das Hotel Belvedere thront auf einer Anhöhe über der Küste im Naturpark Strunjan, mitten in einem Olivenhain. Kulinarisches Aushängeschild des Hotels ist das elegante Zwei-Hauben-Restaurant Kamin. Auf der weitläufigen Meeresterrasse diniert man istrische und internationale Gerichte auf hohem Niveau. Eigenes Olivenöl, tolle Weinkarte.

Beste Aussicht auf das Meer und Izola

Kamin

*Olivenöl

Ronkaldo

BIO-QUALITÄT

A Baredi 5G
6310 Izola
T (+386 41) 62 46 39
W www.roncaldo.si

Das istrische Vater-Sohn-Duo Miran und Martin Adamič produziert im Südosten der Siedlung Baredi über Izola exzellentes Olivenöl. Von den Kritikern der Olivenölbibel „Flos Olei" mehrfach ausgezeichnet. Das Ronkaldo-Öl ist ungefiltert, bio, von mittlerer Intensität, herrlich frisch, fruchtig und komplex. Die perfekte Harmonie von bitter und pikant.

Ronkaldo

Sidro

AN DER HAFENPROMENADE

A Sončno Nabrežje 24
6310 Izola
T (+386 5) 64 14 711

„Sidro" heißt „Anker". Das passt an diesem Ort perfekt, denn man sitzt direkt am Meer an der Hafenpromenade und genießt die klassische mediterrane Küche der Familie Godina. Die Rezepte wurden laut Wirt Vladimir von den Großmüttern und alten Fischern überliefert.

Sonja

MEHRWERT

A Morova ulica 4
6310 Izola
T (+386 5) 64 03 500
W www.gostilnasonja.si

Terrakottafarbene Gostilna (Gasthaus) in einer Seitengasse mit einer gelungenen kulinarischen Kombination: istrische Hausmannskost und mediterrane Meeresküche. Selbstgemachte Fuži und Pljukanci, Fischvorspeisen mit Oktopussalat, eingelegte Sardinen und Bakalar. Zwei Arten Buzara: rote Buzara mit Scampi und Linguine, weiße Buzara mit gemischten Muscheln. Sehr freundlich und zuvorkommend.

*Wein

Vinothek „1001 vino"

IN DER ALTSTADT

A Ljubljanska ulica 5
6310 Izola
T (+386 31) 73 89 47

Kleiner Weinladen im Zentrum. Sehr persönlich geführt. Zum Sortiment gehören Weine regionaler Winzer, hochwertiges Olivenöl, Salz aus den Salinen, Marmeladen, Honig, Pasta.

Die Weinreben gedeihen an den schönsten Lagen Istriens, verwöhnt vom milden mediterranen Klima und der adriatischen Sonne: zum Beispiel an den tiefgrünen Hängen im verzauberten Hinterland von Izola.

Božič

LANGE TRADITION

A Postojnska ulica 7
6310 Izola
T (+386 41) 78 47 19
W www.vina-bozic.com

Weinbautradition seit 1902. Auf 15 Hektar Rebfläche gedeihen über Izola elegante Weine von feiner Struktur. Eigene Vinothek in Izola in der Postojnska ulica.

Weinbar Manzioli

VINOPHILER TREFFPUNKT

A Manziolijev trg 5
6310 Izola
T (+386 41) 21 85 47
W www.vinozaro.com

Lässige Weinbar der Winzerfamilie Zaro in der Altstadt. Bringt viel Schwung nach Izola. In stimmungsvoller Atmosphäre genießen die Gäste grandiose Weine aus dem eigenen Keller sowie von den Weingütern istrischer Kolleginnen und Kollegen. Dazu werden feine Häppchen gereicht: Die rote Berkel-Aufschneidemaschine steht nie still. Das Weingut Zaro liegt nur einen Kilometer vom Meer entfernt (Polje 12a). Orange Wine in Bio-Qualität.

Matej Zaro vom Weingut Zaro

Weingüter bei Izola

Markovič

MIT AUSBLICK

A Polje 30b
6310 Izola
T (+386 40) 82 65 63
W www.vina-markovic.si

Auf der Anhöhe zwischen Koper und Izola unterhalb des Krankenhauses wachsen Refošk, Malvasia, Chardonnay sowie die Süßweinsorten „Rumeni Muskat“ und „Rajski Opoj“. Toller Ausblick vom Weingut auf das Meer und auf das Hafenstädtchen.

Slavec

SPANNENDE SORTENVIELFALT

A Šared 44
6310 Izola
T (+386 41) 72 12 20

Familie Slavec produziert feinen Wein und gutes Olivenöl. Zu finden im kleinen Weiler Kocina am Hügel Šared über Izola. Von den Weinsorten Refošk, Maločrn, Malvasia, Gelber Muskateller heben wir den scharlachroten „Cipro“ hervor – eine autochthone Weinsorte. Süß ausgebaut, nach Rosen duftend: der Rosenmuskat.

Steras

SPITZENWEINGUT

A Šared 43
6310 Izola
T (+386 41) 78 81 73
W www.steras.com

Bio-Weingut, fünf Kilometer südlich von Izola. Die immense Sortenvielfalt zeigt Ideenreichtum und Können dieses Familienbetriebs.

Slowenisches Istrien – ein Himmel voller Trauben

Authentische Gerichte bei Familie Kovačić im Hinterland von Izola

Hiša Torkla

STAUNEN IN DER EHEMALIGEN ÖLMÜHLE

A Korte 44b
6310 Izola
T (+386 5) 62 09 657
W www.hisa-torkla.si

Ich kann gerade nicht sprechen, so sehr läuft mir das Wasser im Mund zusammen. Die einen bestaunen im Urlaub Sehenswürdigkeiten, ich bewundere Speisekarten – wie heute in der Hiša Torkla bei Korte. In diesem bezaubernden Drei-Hauben-Restaurant im Hinterland von Izola zeigt Familie Kovačič, wie man Geschichte ins Heute holt. Andreja und Sebastijan haben eine Ölmühle aus dem Jahr 1862 renoviert, in ein Lokal verwandelt und verwöhnen ihre Gäste auf allerhöchstem Niveau. Die wichtigsten Ingredienzien sind Gemütlichkeit und authentische Gerichte. Das begeistert. Besonders schön: Die großen Panoramafenster mit Blick ins Grüne. Sie lassen sich im Sommer öffnen – so verschwimmen Indoor und Outdoor miteinander.

Sebastijan gibt in der Küche die Linie vor. Am besten beginnt man mit der legendären Hühnerleberpaté mit Trüffeln und Zwiebelchutney. Danach folgen istrische Tapas. Scampi, Vitello tonnato & Co auf bunten Tellern gereicht, dazu flaumiges Brot. Während die Zwischengänge, Thunfischtatar auf Quinoa, Sesam und Avocado und eine cremige Polenta mit Eierschwammerln, auf den Tisch kommen, legt der Spitzenkoch das Kalbssteak auf den Rost. Auch das Lamm wird nur kurz am Feuer geflämmt. Ausgezeichnet! Dazu schmeckt ein wunderbares Trüffelpüree. Faszinierend die Weinkarte, da stoßen wir gleich auf dieses wunderbare Restaurant an. Als süßer Abschluss erfreut eine moderne Interpretation einer „Gibanica". Das ist ein traditioneller slowenischer Schichtkuchen mit vier Füllungen. Sebastijan kredenzt seine Gibanica in Form einer Timbale in nobilitierten Schichten aus Apfel, Mohn und Nüssen mit cremigem Ricottaeis. Ich kann gerade wieder nicht sprechen, weil ich den Mund voll habe, und mit vollem Mund spricht man nicht. Aber: Es ist köstlich!

Korte

GASTHOF IM GRÜNEN

A Korte 44
6310 Izola
T (+386 5) 64 20 200
W www.gostilnakorte.si

Traditionsreicher Gasthof im slowenischen Hügelland, sieben Kilometer von Izola entfernt. Istrische Hausmannskost und mediterrane Meeresküche. Die Weine stammen von den Weingütern der Nachbarschaft. Nette Aussicht von der weitläufigen Terrasse den Zypressen entlang ins Grüne.

*Wein

Korenika & Moškon

DEMETER-BETRIEB

A Korte 115c
6310 Izola
T (+386 5) 64 21 049
W www.korenikamoskon.si

Familiengeführter Vorzeigebetrieb. Matej Korenika ist Demeter-Weinbauer und arbeitet biodynamisch. Mustergültig pflegt er seine 25 Hektar Rebfläche und seine Olivenbäume, die auf 2,5 Hektar gedeihen. Der Winzer stellt autochthone Weinsorten wie Malvasia und Refošk in den Mittelpunkt, ohne auf internationale Sorten wie Merlot, Pinot Noir usw. zu verzichten. Auch Grappa, Liköre, Traubensaft, Olivenöl. Fabelhafter Blick auf die Salzfelder von Sečovlje.

Korte

Korenika & Moškon

Die Menschen im nahen Süden sagen: „Wein ist Nahrung für die Seele.“ Istriens Winzer verkörpern Tradition sowie Moderne und haben eine hohe Weinkultur geschaffen. Als Weinbauregion gewinnt die Halbinsel immer mehr an Bedeutung, denn die neue Winzergeneration startet eine Qualitätsoffensive, die ihresgleichen sucht.

1. Ideale Bedingungen. Den Weinbau in Istrien haben Phönizier, Griechen, Römer und Zisterzienser geprägt. Mit über 2.500 Sonnenstunden im Jahr reifen im mediterranen Klima die Trauben perfekt heran. Der kühle Einfluss der Alpen und der Wind vom Meer sind maßgeblich für das Säurespiel im Wein.

2. Autochthone Sorten. Erzählen mit jedem Schluck von ihrer Herkunft. Die bedeutendsten Weinsorten Istriens sind der meist strohgelbe Malvasia und der kräftige rubinrote Teran. Zwei Drittel der Weinbaufläche auf der Halbinsel sind mit Malvasia bepflanzt – er ist Teil der istrischen Identität.

3. Internationale Weine. Sauvignon Blanc, Chardonnay, Grauburgunder, Weißburgunder, Merlot, Cabernet Sauvignon: Auch die internationalen Paradesorten, die auf istrischer Erde wachsen, begeistern im Glas.

4. Rosé. Selbst in einem so traditionsbehafteten Metier wie „Wein“ gibt es Trends. Seit nicht allzu langer Zeit ist es der Rosé. Die istrischen Roséweine sind leicht, frisch und angenehm fruchtig. Sie wecken das Gefühl von Sommer und erzeugen, was das Aroma betrifft, ihr eigenes Kaleidoskop.

Tropfen für Tropfen ein Genuss

Weingarten mit Blick auf Motovun

5. Orange Wines. Die vierte Weinfarbe sorgt in Istrien für viel Aufsehen. Im Prinzip handelt es sich dabei um Weißwein, der wie Rotwein durch Maischegärung hergestellt wird. Immer mehr Winzer finden ihre Inspiration in der neuen alten Methode der Vinifizierung. Das Ergebnis sind anspruchsvolle und komplexe Weine voller Charakter und Vielschichtigkeit.

6. Süßwein. Der Muskat als antike Weinsorte hat sich als eines der vinophilen Aushängeschilder der Region etabliert. Der aromatische Dessertwein bildet den Abschluss eines guten Menüs.

7. Weinstraßen. Weinliebhaber folgen den braunen Schildern mit den Aufschriften „Vinska cesta" und „La strada del vino". Diese führen mit Sicherheit zu einem Top-Winzer.

Capra

Capra

BLENDENDE AUSSICHTEN

A Pristaniška ulica 3
6000 Koper
T (+386 41) 60 20 30
W www.capra.si

Ich bin eine echte Leuchte. Andere werden im Urlaub braun, ich werde hautfarben. Vermutlich weil ich mich ständig unter einer dicken Schicht Sonnencreme konserviere. Wenn Ihnen am Strand etwas fluoriszierend Weißes entgegenblitzt – das wäre dann ich. Im Restaurant Capra in Koper geht uns auch ein Licht auf. Seit unserem letzten Besuch erkennen wir nur noch den edlen Luster wieder, der Rest ist neu. Raus mit dem kühlen Scandi-Style, hin zur gemütlichen Wohnzimmeratmosphäre.

Während der Corona-Krise hat das vielbeschäftigte Unternehmerehepaar Marja Černe und Aleš Piščanc das Grand Koper am Hafen renoviert. Ich sage Ihnen: Es ist so schick geworden. Die zwei setzen auf ein hippes, postmodernes Design: auf einen Kontrast aus pastelligen und kräftigen Farben, samtigen Stoffen, glattem Marmor und Metall, die Wände zieren überdimensionale Grafiken, und an der Decke kleben Keramikteller als spannende Kunstinstallation. Dazwischen: Elemente aus dem Art decó. Vor lauter Schauen vergesse ich fast auf die Gastronomie. Da wären die Pizzeria Caprizza mit originaler neapoletanischer Pizza, das Café Carlo mit Spiegeldecke und Tanzabenden sowie das Restaurant Capra mit gehobener Regionalküche. Feine Krustentiere, selbstgemachte Pasta, eigenes Olivenöl, gut gereiftes Fleisch, viel frischer Fisch und exzellente Desserts kommen auf den Tisch. Also auch auf dem Teller: blendende Aussichten!

Al Mulin Norbedo

HISTORISCHE MÜHLE

A Sermin 19
6000 Koper
T (+386 64) 23 30 09
W al-mulin.business.site

Schönes, großes Anwesen im Vorort Sermin im Osten von Koper. Mit Restaurant, Brunnen, Kamin. Hier werden viele Hochzeiten gefeiert. Verfeinerte Regionalküche.

Domačija Butul

SLOW FOOD

A Manžan 10d
6000 Koper
T (+386 41) 71 82 19
W www.butul.net

Taljana, Milja und Črt Butul haben sich auf einem Hügel bei Koper ganz dem Slow Food verschrieben und bieten den Gästen ein kulinarisches Gesamterlebnis. Familie Butul produziert Olivenöl, Orange Wine, Käse, Honig, Marmeladen, Tees, Säfte, Tomatensaucen und noch viel mehr. Außerdem kann man bei den Butuls auf Reservierung hervorragend essen. Im Food-Atelier werden Kochkurse und Workshops abgehalten. Drei Doppelzimmer und zwei Apartments zum Nächtigen. Ein grandioser Familienbetrieb!

Avokado

VEGAN

A Gortanov trg 4
6000 Koper
T (+386 51) 48 67 04

Veganes Miniatur-Restaurant in der Altstadt. Gelungene Küche für alle, die auf tierische Produkte verzichten. Mit ein paar Bistrotischen vor dem Lokal. Auch Speisen zum Mitnehmen.

Domačija Butul

Barba Sol

SALZKUNST

A Čevljarska ulica 7
6000 Koper
T (+386 70) 66 50 13

Davor Podbevšek hat das Meersalz neu erfunden. Ja, tatsächlich! Früher hat Davor in einer Bank gearbeitet, jetzt fusioniert er spannende Aromen mit Salzkristallen. In einem speziellen Verfahren wird gemixt und angesetzt.
37 Sorten (getrocknete Tomate, Ingwer, Oktopus, Mediterran, Zitrus usw.) sind bereits unter dem Branding „Barba Sol“ entstanden. Showroom in der Altstadt.

Barba Sol

Kavarna Triglav

Kogo

Limoni Šik

Kavarna Triglav

KAFFEE & KUCHEN

A Pristaniška ulica 5
6000 Koper
T (+386 5) 90 17 914
W www.kavarnatriglav.si

Sehr beliebtes Kaffeehaus, schräg gegenüber dem Markt. Ein Treffpunkt für Naschkatzen.

Kogo

HIPPES SOULFOOD

A Šmarska cesta 1
6000 Koper
T (+386 51) 60 40 80
W www.vinakoper.si

Modernes Restaurant der „Vinakoper" mit trendigem Gastrokonzept und urbanem Look. Traditionelle Rezepte werden als istrisches Soulfood präsentiert. Dazu DJ-Sound.

Limoni Šik

ISTRISCHER LIMONCELLO
TRENDGETRÄNK LIKÖR

A Cesta na Rižano 10
6000 Koper
T (+386 31) 30 10 51
W www.limoni.si

„Limoni" heißt die istrische Antwort auf Limoncello. Kristina und Luka Šik haben den Zitronenlikör wieder trendig gemacht. Sie füllen im Osten von Koper stylishe Flaschen. Auch „Oranži" (Orangenlikör) und „Meloni" (Melonenlikör). Ganz großes Genusskino.

*Wein

Okusi Istre

VINOTHEK & WEINBAR

A Kidričeva ulica 37
6000 Koper
T (+386 40) 32 95 39
W www.okusiistre.com

Die Geschmäcker Istriens werden in dieser supernetten Vinothek und Weinbar vereint. Verkostungen, kleine Imbisse, Top-Weine, Olivenöl und vieles mehr.

*Eis

Sladoledarna

SÜSSE VERFÜHRUNG

A Pristaniška 2
6000 Koper
T (+386 31) 33 28 08
W www.sladoledarna.si

Eis-Sortenvielfalt abseits des Massengeschmacks: Dattelcreme mit Walnüssen und Mascarpone, Refošk mit Erdbeere, Orange-Ingwer, Kürbis-Apfel, Gin-Tonic, Zimtschokolade, Erdnuss-Stracciatella, Macadamia mit Kardamom.

*Eis

Vigò

RETRO-EISSALON

A Pristaniška 3
6000 Koper
W www.vigo-icecream.com

Moderner Eissalon im schicken Retrodesign in der Nähe des Marktes und der alten Marina.

Gostilna Za Gradom

KULINARISCHER FIXSTERN

A Kraljeva ulica 10
6000 Koper
T (+386 31) 30 96 50
W www.zagradom.com

Bitte Daumen drücken. Besitzer Darko Rodica möchte die Corona-Zeit abwarten und danach wieder voll durchstarten. Das Zwei-Hauben-Restaurant Za Gradom Rodica über Koper gehört seit Jahrzehnten zu den kulinarischen Fixsternen der Region mit einer grandiosen Meeresküche.

*Trüffel

Zdenko Tartufi

FRISCH & VEREDELT

A Kozloviči 10c
6273 Marezige
T (+386 41) 59 37 48
W www.zdenkotartufi.com

Sara und Vater Zdenko Kocjančič gehen mit ihren sechs Hunden auf Trüffelsuche im slowenischen Hinterland. Gäste können mit dabei sein und ein Trüffelpaket buchen, das aus der Demonstration und einem feinen Trüffelschmaus besteht. Natürlich kann man die veredelten Trüffelprodukte sowie frische Trüffeln erwerben.

Zdenko Tartufi

Das Hinterland um Koper ist bekannt für seinen Weinbau. Fruchtbare Böden und das spezielle Mikroklima schaffen ideale Voraussetzungen. Das Ergebnis? Urwüchsige Patrioten in allen Facetten. Praktische Tipps für den Weineinkauf finden Sie auf Seite 164.

Bordon

ROMANTISCH GELEGEN

A Dekani 63
6271 Dekani bei Koper
T (+386 5) 65 82 260
W www.vinabordon.si

Das biologisch geführte Weingut der Familie Bordon liegt romantisch am Bach Rižana bei Dekani einige Kilometer östlich von Koper. An das istrische Steinhaus ist ein moderner Glaskubus angebaut. Probieren: Rosé aus Refoštrauben, Merlot (Strohwein) und Malvasia. Auf Wunsch wird gekocht. Eigenes Olivenöl sowie Apartments.

Brič

DESIGNWEINKELLER & GOURMETRESTAURANT

A Novi Brič 1
6274 Šmarje
T (+386 5) 66 99 140
W www.vinabric.si
www.restaurantbric.si

Monumentaler Weinkeller in einem außergewöhnlichen Design. Über dem Dragonja-Tal, fünf Kilometer östlich von Koper, direkt an der slowenisch-kroatischen Grenze. Die Qualitätsweine kann man im Weinshop beim Gourmetrestaurant Brič (Dekani 3b) kaufen. Dort wird exzellente Zwei-Hauben-Küche geboten.

Klen'Art

MIKROKLIMA

A Plavje 55a
6281 Škofije
T (+ 386 51) 35 34 42
W www.klenart.si

Familie Klenar arbeitet acht Kilometer von Koper entfernt mit großer Begeisterung auf ihrem Weingut. Ein spezielles Mikroklima lässt die Trauben optimal reifen. „Rosa“ heißt der feinfruchtige, frische Rosé, „Vinja“ die dichte, rote Cuvée. Außerdem empfohlen: der fein moussierende Winzersekt und der elegante Pinot Noir. Sehr schöner Ausblick auf die Küste. Ausgezeichnetes Olivenöl.

Brič

Klen'Art

Weingüter rund um Koper

Monte Moro

WEINBAUTRADITION

A Triban 7
6000 Koper
T (+386 41) 92 10 86
W www.montemoro.eu

Bei Winzer Matjaž Babič sind im Weinkeller alle vier Weinfarben vertreten: charakterstarker Chardonnay, Malvasia, Refošk und Muskat in Bio-Qualität. Südöstlich von Koper.

Rodica

FEINE WEINLINIEN

A Truške 1c
6273 Marezige
T (+386 41) 69 50 19
W www.rodica.si

Prachtvolles Weingut in Truške bei Marezige oberhalb von Koper (elf Kilometer entfernt) mit einem fantastischen Ausblick auf den Golf von Triest. Malvasia, Refošk, Gelber Muskateller, Merlot, Cabernet Sauvignon, Syrah und Grauburgunder liefern die Basis für vier verschiedene Weinlinien. Biologische Bewirtschaftung. Großes Verkostungslokal mit Platz bis zu hundert Personen.

Rojac

AMPHORENWEIN

A Gažon 63a
6274 Šmarje
T (+386 82) 05 93 26
W www.rojac.eu

Bio, natural, orange. Winzer Uroš Rojac hat sich ganz der Urform des Weinmachens verschrieben. Seine Spitzentropfen reifen in Amphoren in der Erde. Acht Kilometer südlich von Koper.

Rodica

Rojac

Santomas

BESTER REFOŠK

A Šmarje 10
6274 Šmarje
T (+386 40) 79 27 85
W www.santomas.si

Herrschaftliches Anwesen (mit Turm) der bekannten Winzerfamilie Glavina. Zählt zu den besten Weingütern Sloweniens. Vor allem der Refošk wurde vielfach prämiert. Neu ist die eigene Olivenölmühle.

Vinska Fontana

WEIN AUS DEM ZAPFHAHN

A Marezige 24
6273 Marezige
T (+386 51) 68 47 77
W www.vinska-fontana.si

Der erste Weinbrunnen Sloweniens steht in Marezige. Token einwerfen, danach Malvasia & Co zapfen. Moderner Shop mit handgemachten Produkten sowie istrische Tapas. Großartige Sicht auf Koper und das Meer.

Vinakoper

MODERNISIERT

A Šmarska cesta 1
6000 Koper
T (+386 5) 66 30 100
W www.vinakoper.si

Die bekannte Winzergenossenschaft hat der alten, angestaubten Verkaufshalle einen schicken Relaunch verpasst. Das Ergebnis: eine hippe Weinboutique mit trendigem Istrien-Shop. Lässiger Industrial Look mit tollen Produkten und guten Weinen.

Santomas

Vinska Fontana

Weinboutique der Vinakoper (links)

Grad Socerb

BURGRESTAURANT

A Socerb 7
6275 Črni Kal
T (+386 41) 57 15 44

Feinschmecker genießen die gehobene mediterrane Frischeküche zwischen historischen Ritterrüstungen, Steinmauern, Flaggen, Schildern und Lanzen. Traumblick auf die Bucht von Triest. Schöne Sonnenterrasse. Gehört zur Gemeinde Koper.

Jakomin

HINTERLANDSKÜCHE

A Kubed 3a
6272 Gračišče
T (+386 5) 65 72 030

Beliebtes Landgasthaus mit zünftiger Küche. Ein Paradies für Fleischtiger: Schweinsbraten, Roastbeef, Koteletts, Gulasch mit Gnocchi. Gute Trüffelgerichte und Mehlspeisen.

Mohoreč

REGIONSTYPISCH

A Kubed 66a
6272 Gračišče
T (+386 41) 82 26 99
W www.mohorec.si

Traditionsgasthaus im Hinterland von Koper, elf Kilometer östlich der Hafenstadt. Istrische Hausmannskost im gemütlichen Ambiente. Terrasse im Grünen.

Das Olivenöl gehört zu den kulinarischen Eckpfeilern Istriens. In der Region rund um die Hafenstadt Koper entdeckt man Spitzenöle von herausragender Qualität. Praktische Tipps für den Einkauf von Olivenöl finden Sie auf Seite 140.

Jenko

HÖCHSTPRÄMIERT

A Pobeška cesta 11
6000 Koper
T (+386 5) 63 96 161
W www.oiljenko.si

Boris Jenko und sein Schwiegersohn Peter Pelicon gehören zu den Top-Olivenölproduzenten des Landes. Höchste Bewertung im „Flos Olei“. Das Portfolio: istrische Belica, Leccino, eine feinaromatische Cuveé, Zitronen- und Orangenöl sowie das Olivenöl „Smoke“ mit Rauchnoten. Bio-Qualität.

Ölmühle Gregor Lisjak

OLIVENÖLERLEBNIS

A Krkavče 6a
6274 Šmarje
T (+386 40) 29 42 48
W www.gregorlisjak.com

Ölmühle Matej Lisjak

A Šalara 28b
6000 Koper
T (+386 31) 89 33 78
W www.lisjak.com

Zwei Brüder, eine große Passion: die Erzeugung von erstklassigen Olivenölen. Gregor führt die Olivenölmühle im kleinen Dorf Krkavče bei Šmarje, Matej die Mühle bei Koper. Große Produktvielfalt. Vintage-Gourmettouren mit Oldtimern.

Jenko

Lisjak

Olivenölproduzenten bei Koper

Morgan

PREMIUMÖL

A Grintovec 1
6274 Šmarje
T (+386 41) 88 45 74
W www.olje-morgan.si

Tropfen für Tropfen ein Genuss. Der Bio-Bauernhof der Familie Morgan liegt im Dorf Grintovec auf einem Bergrücken über dem Drnica-Tal in der Nähe von Šmarje. Vielprämiertes Olivenöl.

Vanja Dujc

OLIVENÖL-DOYEN

A Dolga reber 4
6000 Koper
T (+386 5) 62 85 448

Vanja Dujc hat mit seinem Qualitätsanspruch eine ganze Generation an Olivenölproduzenten inspiriert und geprägt. Nicht umsonst gilt er als Doyen der slowenischen Olivenölszene. Für seine Cuvée erntet er jedes Jahr unzählige Auszeichnungen.

Morgan

Dujc

Sarah und Adam in ihrer ausgezeichneten
La Bottega di Sapori mitten in Piran

La Bottega dei Sapori

FRISCHER WIND AM TARTINIPLATZ

A Kajuhova 12
6330 Piran
T (+386 5) 99 20 474

Sagen wir so: Es wurde Zeit. Piran in der kulinarischen Aufwärtsspirale. Sarah und Adam Vuk Brajko sorgen nicht nur für eine frische Brise in die Altstadt, sondern machen ordentlich Wind. Der Name Vuk sagt Ihnen etwas? Sarah ist in die Fußstapfen ihres Vaters, des bekannten Kochs Sergio Vuk, getreten. Zusammen mit ihrem Mann als Sommelier führt sie das elegante Restaurant am Tartiniplatz in die nächste Generation. Sarah ist quasi im Lokal ihrer Familie, das sich im Geburtshaus des bekannten Komponisten Tartini befindet, aufgewachsen. Jetzt zeigt sie mit ihrer leichten und verspielten Küche viel Esprit. Die gehobenen mediterranen Gerichte begeistern das Publikum und die Gastrokritiker von Gault-Millau, die zwei Hauben an die junge Köchin vergeben haben.

Sarah präsentiert Jakobsmuscheln auf Wildspargel, Pancetta und Zitrone, den Oktopus begleitet ein Confit aus gelben Datteltomaten, Forellenkaviar und Dill. Dazu gesellen sich weicher Büffelricotta und Frühlingskräuter. Besonders gelungen: Cappelletti (Teigtaschen) auf Trüffel-Miso. Den Sommer bringt die Spitzenköchin in Form fein marinierter Garnelen auf die Teller – auf pinken Grapefruitfilets und erfrischender Verbene. Ein Gaumenschmaus: fein geschnittenes Zucchinitatar auf cremigen Erbsen mit marokkanischer Minze und Rosengelee. Das Rindscarpaccio wird als „Sushi Beef" mit Meeresspargel, Jamar-Käse (in Karsthöhlen gereifter Käse) und schwarzen Oliven serviert. Sehr lässig.
Fein natürlich auch der Sitzplatz direkt am Tartiniplatz. Wenn die Sonne untergeht, sind die Tagestouristen verschwunden, und der Alltag am Hauptplatz beginnt. Dann flitzen die Kinder mit ihren Tretautos herum, dann belegen die Bewohner Pirans die hellen Steinbankerln zum Quatschen, dann küsst sich das junge Pärchen vor der Tartini-Statue, denn das soll Glück in der Liebe bringen. Dass die Gäste Sarah und Adam vor Freude gern abbusseln würden, verstehe ich. Denn wer Wind sät, wird Sturm ernten – in diesem Fall einen erfreulichen Gästeansturm.

Bestlage am Tartiniplatz: La Bottega dei Sapori

Čokoladnica Piran

Benečanka

SALZGESCHÄFT

A Tartinijov trg, Ulica IX. korpusa 2
6330 Piran
W www.soline.si

Das Salzgeschäft der Salinen ist im bekanntesten Gebäude Pirans untergebracht: im Erdgeschoß des „Venezianischen Hauses“ am Tartini-Platz. Im obersten Stock werden schöne Suiten vermietet.

Caffè Neptun

VOR DER MOLE

A Dantejeva 4
6330 Piran
T (+386 5) 90 15 633
W www.caffeneptun.net

Maritim dekoriertes Café bei der Ortseinfahrt vor der ersten Mole. Bio-Kaffee, Smoothies, Craftbeer, Ingwer-Shots, Frühstück, gute Weine.

Čokoladnica Piran

FÜR SCHOKOHOLICS

A Tartinijev trg 5
6330 Piran
T (+386 03) 77 74 103
W www.cokoladnica-olimje.si

Nostalgisch gestaltete Schokoladeboutique am bekannten Tartini-Platz.

Hier wird gutes Essen zum Erlebnis.

Stara Gostilna

PIRANS ERLEBNISKÜCHE

A Savudrijska ulica 2
6330 Piran
T (+386 40) 77 79 79
W www.stara-gostilna.com

Mich findet man nie an Orten, an denen ich den Bauch einziehen muss. Oder an Orten, die so schick sind, dass ich mit einer „Vogue“ unter dem Arm und Kroko-Handyhüllen daherstaksen muss und dabei nicht mehr als 50 Kilo wiegen darf. Das strengt mich viel zu sehr an. Entwarnung: Die Stara Gostilna in Piran ist zwar sehr schick und trendig und man marschiert beim Eingang einen roten Teppich entlang, aber das Restaurant ist trotzdem herrlich entspannt und bei Gott keine Oligarchenkantine. Entspanntes Fine Dining.

Besitzerin Donata Krašek führt eines der ältesten Lokale Pirans in fünfter Generation. Vor ein paar Jahren entschloss sich die taffe Gastronomin, neue kulinarische Wege zu gehen. Sie krempelte das traditionelle Gasthaus im Zentrum um und erschuf Pirans Erlebnisgastronomie auf Zwei-Hauben-Niveau. Man sitzt im angebauten Glaskubus unter moderner Lamperie auf schwarzen Designersesseln, an Tischen, auf denen schwarze Tischtücher und schwarze Servietten drapiert sind. Von düster aber keine Spur – alles hochelegant. In der Küche werkt ein junges Team. Zur Auswahl stehen zwei Degustationsmenüs mit fünf oder sieben Gängen. Ein Best-of Haute Cuisine: Gänseleberpaté, Sashimi aus Adriafisch, Austern mit Champagner und Kaviar, geräucherter Wolfsbarsch, Trüffeln, Wagyu-Rind. Hervorzuheben ist die exzellente Weinkarte: mit einer umfassenden Sammlung an Malvasia, tüchtig Orange Wine, französischen Champagnern, und zu den regionalen Top-Winzern kommen internationale Spitzenweine hinzu. In Zahlen: über 320 verschiedene Etiketten und 120 Sorten Spirituosen.

Die Gäste, die neben mir Platz genommen haben, tragen ebenfalls keine „Vogue“ unter dem Arm. Dafür aber ein Buch. Das blaue Cover kommt mir bekannt vor. Oh, auf der Titelseite steht „Trippolt“ drauf. Vielleicht sollte ich doch noch schnell den Bauch einziehen.

*Wein

Fritolin pri Cantini

FISCH-FAST-FOOD

A Prvomajski trg 6
6330 Piran
T (+3846 41) 87 38 72

Fisch-Fast-Food macht Furore. Auf Kreidetafeln am Eckhaus steht das Angebot des Tages. Das Essen bestellt man am Fenster mitten in der Altstadt. Dann kommen Fisch und Meeresfrüchte auf die Teller. Frittiert oder gegrillt. Unkomplizierte, sehr populäre Adresse.

Hotel Piran

VINOTHEK & DACHTERRASSE

A Stjenkokva 1
6330 Piran
T (+386 5) 66 67 100
W www.hotel-piran.si

Das zentral gelegene 4-Sterne-Hotel Piran präsentiert sich kulinarisch: mit einem gehobenen Restaurant (Brunch und à la carte) und einer chilligen Dachlounge – der „Terrasse 99“ für Cocktails und stimmungsvolle Sonnenuntergänge. Besonders gelungen: die Vinothek – mit tollen Weinen, viel Weinwissen und lässigem Style. Top: die Weinabende mit bekannten istrischen Winzern.

Neptun

KLASSISCHE MEERESKÜCHE

A Župančičeva 7
6330 Piran
T (+386 5) 67 34 111

Dauerbrenner in zweiter Reihe. Seit einer Ewigkeit zählt das kleine Fischlokal zu den besten Lokalen Pirans (eine Haube). Klassische Meeresküche mit Besonderheiten wie frischen Austern und je nach Saison auch Seeigeln. Winziger Gastgarten in der Gasse.

Stara Gostilna

Hotel Piran

Pri Mari

SYMPATHISCHER FAMILIENBETRIEB

A Dantejeva 17
6330 Piran
T (+386 5) 67 34 735
W www.primari-piran.com

Kulinarischer Evergreen der Familie Mencinger, an der Ortseinfahrt bei den Parkplätzen gelegen. Die Gäste wähnen sich in einer italienischen Osteria. Bodenständige mediterrane Küche mit viel Meeresfrüchten, Fisch und Pasta. Ein halber Kilometer vor dem Zentrum Pirans. Eine Gault-Millau-Haube.

Caffè Teater

KULT AN DER PROMENADE

A Stjenkova ulica 1
6330 Piran
T (+386 41) 68 54 23
W caffeteater.com

Prominentes Café in legendärer Lage am Meer. Perfekte Location für Frühstück, Nachmittagskaffee, Sundowner. Die Sonne lacht einem viele Stunden ins Gesicht. Jazz-Konzerte.

Logenplatz am Meer: Caffè Teater

Branzino-tatar

Wenn es bei uns ein Branzinotatar gibt, herrscht Frieden am Tisch, denn wir alle lieben dieses herrlich frische Gericht. Der Wolfsbarsch ist ein ausgezeichneter Speisefisch. Sein schneeweißes Fleisch schmeckt mild und eignet sich für viele Zubereitungsarten: als Tatar, Carpaccio, Ceviche, zum Braten und Grillen, in der Fischsuppe oder im Salzmantel.

SO MACHT JOSEF TATAR

1. Die Fischhaut vorsichtig abziehen und die Gräten mit einer Pinzette entfernen.

2. Das Filet in 7 × 7 mm große Würfel schneiden und in eine Schüssel geben.

3. Die Fischwürfelchen mit Meersalz, schwarzem Pfeffer, 1 Prise Zucker, Zitronensaft, Parmesan und Olivenöl vermengen und 3–4 Minuten marinieren.

4. In einer runden Form auf einem Teller anrichten.

5. Mit karamellisierten Pinienkernen und frischem Thymian garnieren.

ZUTATEN FÜR 4 PERSONEN

600 g frisches Branzinofilet
feines Meersalz
schwarzer Pfeffer aus der Mühle
1 Prise Zucker
2 TL Zitronensaft
1 EL Parmesan, frisch gerieben
Olivenöl extra vergine
Pinienkerne, geröstet und karamellisiert
frischer Thymian

TIPP

» Fein marinierte Zupfsalate, Artischocken oder Krentomaten passen hervorragend als Begleitung zum Tatar.
» Das Fischfilet niemals mit dem Messer grob hacken, sondern immer fein schneiden.

COB steht für „Cooking outside the box".

COB

GERICHTE MIT GESCHICHTE

A Letoviška 1a
6320 Portorož
T (+386 41) 88 66 33
W www.cob.si

Gute Geschichten begeistern, berühren und reißen einen mit. Ich sollte das wissen, schließlich verdiene ich schon ein Leben lang meine Brötchen mit Buchstaben. Storytelling liegt im Trend. Die Königsdisziplin im Marketing. So bleibt man im Gedächtnis. Einer, der diese Meta-Ebene beherrscht, ist der Spitzenkoch Filip Matjaž. Er versteht es, die Gäste seines Drei-Hauben-Restaurants oberhalb von Portorož auf eine kulinarische Reise mitzunehmen, sie zu überraschen und in Staunen zu versetzen. Das Restaurant „COB" heißt nicht umsonst „cooking outside the box" – wie das geht, hat der Spitzenkoch bei Heston Blumenthal im legendären „The Fat Duck" in London gesehen.
Unglaublich, mit welchem Aufwand die Tellerarchitektur beim Gast landet. Jedes Gericht erzählt eine eigene Geschichte: von den istrischen Wurzeln, den traditionellen Salzfeldern, bis hin zur Meeresküste. Man wählt sieben oder gar 15 spannende Gänge (Fisch, Meerestiere, Fleisch, Vegetarisches). Legendär ist die Kaninchenpaté, die aussieht wie eine Salzpyramide aus den Salinen. Mit viel Crunch, einem Holzrechen und grobem Meersalz. Erlebnisgastronomie pur: Auf der einen Seite wird am Tisch destilliert, auf der anderen Seite kommen Pinsel, Kosmetikdöschen, Spiegel und Parfum-Zerstäuber kulinarisch zum Einsatz. Tee als Suppe, Zahnpasta als Dessert – smarte Ideen, die Filip souverän umsetzt. Der Spaßfaktor? Der schreibt auf jeden Fall Geschichte.

Bategga

FEINKOSTLADEN

A Obala 134
6320 Portorož
T (+386 41) 65 73 50

Gut sortierte Produkte wie Olivenöl, Pasta, Gebäck, Marmeladen, Käse, Salami, Würstel, Brot und alles, was die Region kulinarisch hergibt.

Cacao

AM SANDSTRAND

A Obala 14
6320 Portorož
T (+386 5) 67 41 035
W www.cacao.si

Café, Lounge-Bar und Eisdiele in Toplage am Sandstrand. Trendiges Design, lässige Atmosphäre und immer viel los. Gelungene Auswahl an Eisbechern und Desserts. Bunte Cocktails und Drinks, heiße Schokolade, Frühstück und ein großartiger Espresso.

Café Central

KRAPFEN

A Obala 43
6320 Portorož
T (+386 5) 69 29 001
W www.lifeclass.net

Elegantes Kaffeehaus beim Grand Hotel von LifeClass. Hier beißt man in die besten Krapfen Sloweniens.

Spitzenkoch Filip Matjaž im COB

Cacao

Rizibizi

KULINARISCHER LOGENPLATZ AM STRAND

A Obala 20
6320 Portorož
T (+386 5) 99 35 320
W www.rizibizi.si

Kulinarische Pläne. Machen wir jeden Tag. Zugegeben, nach der zweiten Urlaubswoche ist das ein bisschen anstrengend. Schließlich sollten die Bikinifigur (ich *wusste*, dass Sie jetzt lachen) und die Magennerven behalten werden. Also sieht die Sache heute so aus:

Ziel: Ein leichtes, einfaches Abendessen. Eine Portion Scampi crudo.
Ergebnis: Ein fulminantes Fünf-Gänge-Menü im Restaurant „Rizibizi". Caprese vom Oktopus, cremige Karotten mit Skuta und Orangen, Fuži mit Trüffeln, ein saftiges Stück vom Fonda-Wolfsbarsch auf Erbsenpüree mit knackigen Erbsenschoten.
Ziel: Ein Gläschen Wein.
Ergebnis: Eine Flasche Rosé von Bordon.
Ziel: Kein Dessert.
Ergebnis: Zwei Desserts. Nach den Millefoglie mit Erdbeeren lacht uns auch noch das Mandelparfait an.
Ziel: Romantischer Sonnenuntergang mit meinem Mann.
Ergebnis: Familienessen mit einem Teenager und einem Fußballkind.
Erkenntnis: Kulinarische Pläne können jederzeit überdacht werden.

Das Drei-Hauben-Restaurant Rizibizi schreibt seine Erfolgsgeschichte direkt am Strand von Portorož weiter, denn Patrizia und Tomaž Bevčič sind mit ihrem Team ins Zentrum von Portorož übersiedelt. Ihre gehobene Kreativküche ist regional verwurzelt und wird in einem lässigen, eleganten Ambiente mit sehr viel guter Laune serviert. Die Teller zeigen sich farbenfroh – so bunt wie die Hosen von Spitzenkoch Tomaž. Es ist immer wieder schön zu sehen, mit welcher Freude alle am Werken sind. Eine tolle Adresse!

Rizibizi

Kavarna Mignon

Istrian Bistro & Tapas Bar

TRENDIG

A Obala 33
6320 Portorož
T (+386 5) 69 29 001
W www.lifeclass.net

Trendiges, unkompliziertes Bistro im Grand Hotel Portorož mit verspielten Gerichten: frittierte Sardinen, Burger, Sardellenbruschette, pochiertes Ei mit Trüffeln, Bakalar im Stanitzel. Auch Pasta, Risotto, Steaks. Modernes Ambiente.

Jadro

LAGE, LAGE, LAGE

A Obala 14b
6320 Portorož
T (+386 5) 99 00 477

Großes Restaurant am Sandstrand mit vielen Sitzplätzen drinnen und draußen. Trotzdem ist man um eine Wohlfühlatmosphäre bemüht. Kulinarik: Burger, Pasta, Meeresküche und viel gegrilltes Fleisch. Sehr trubelig im Sommer. Buntes Publikum.

Kavarna Mignon

FÜR NASCHKATZEN

A Obala 33
6320 Portorož
T (+386 82) 05 10 66

Zentral gelegen, beim Casino. Bekannt für süße Waffeln in verschiedenen Varianten. Dazu kommen 40 Eissorten, Tartes, Cremeschnitten, Profiteroles und pikante Snacks. Aperitif-Location.

Opera

KONDITOREI & CAFÉ

A Obala 63
6320 Portorož
T (+386 82) 05 80 95

Ein feiner Ort für Naschkatzen: fruchtige Törtchen, Schokoladekuchen, verschiedene Petit Fours und Mignons, Zimtschnecken, Millefoglie, Biscotti und Krapfen.

Ribja Kantina Santa Lucia

PUBLIKUMSSIEGER

A Obala 26
6320 Portorož
T (+386 5) 67 79 104

Sehr beliebtes, weitläufiges Lokal mit klassischer Meeresküche. Nördlich der Marina beim Tenniscenter. Gutes Weinangebot.

Sophia

LUXUS IM KEMPINSKI

A Obala 45
6320 Portorož
T (+386 5) 69 27 000
W www.kempinski.com/portoroz

Kulinarisches Aushängeschild des luxuriösen Kempinski-Hotels. Die meterhohen weißen Säulen und dunklen Holzkassetten an der Decke machen tüchtig Eindruck. Gehobene Gourmetküche, zwei Hauben. Der Weinkeller spielt alle Stückerln. Benannt nach der Schauspielerin Sophia Loren.

Fonda-Fischfarm

FRAU FONDA FISCHT FRISCHEN FISCH

A Seča 142
6320 Portorož
T (+386 51) 60 56 05
W www.fonda.si

Wenn ich „Tixo“ sage, meine ich Klebestreifen. „Tempo“ steht für Papiertaschentücher und „Labello“ für Lippenpflegestifte. Wenn ich den Namen „Fonda“ höre, denke ich automatisch an ausgezeichneten Wolfsbarsch. Merken Sie etwas? Familie Fonda hat etwas geschafft, was nur wenige erreicht haben. Ihr Branzino hat sich in meinem Kopf als Marke, ja sogar als Gattungsbezeichnung festgesetzt. Mit dieser Meinung stehe ich nicht allein da.
Vor den Salinen von Sečovlje bei Portorož züchten die Geschwister Irena und Lean den besten Wolfsbarsch der Welt, denn die Adria kann längst nicht genug Fisch für alle liefern. Vater Ugo hat die vorbildliche Aquakultur vor Jahren aufgebaut. In den riesigen freischwebenden Netzen im kristallklaren Meer haben die Barsche genügend Platz und Zeit zu wachsen und zu gedeihen. Nachhaltigkeit ist oberstes Prinzip, nur Bio-Futter kommt zum Einsatz. Vier Jahre dauert es, bis die Fische für den Verkauf groß genug sind.
Geschäftsführerin Irena Fonda gehört zu den scharfsinnigsten und klügsten Köpfen Sloweniens. Wenn die Meeresbiologin zu erzählen beginnt, zieht sie alle mit ihrem Wissen und ihrer Passion in den Bann. Sorgen machen ihr die steigenden Wassertemperaturen, die Wetterbedingungen, die Überfischung der Adria, das Schwinden der Artenvielfalt und die Raubfische, die ihr die Netze kaputt machen. Ihr schönstes Erlebnis unter Wasser: die Begegnung mit einem Wal.

Seit einigen Jahren hat der delikate Branzino einen Fixplatz auf der Speisekarte in unserem Restaurant in Kärnten, denn die Gäste lieben das kompakte, helle, fast fettfreie Fleisch und dessen feinen Geschmack. Die Zubereitungsarten sind vielfältig: als Carpaccio, Ceviche, Tatar, zart gebraten oder sanft gegart. Die Aquafarm ist zwar bekannt für ihre Wolfsbarsche, aber die Zucht ergänzen hervorragende Brassen (Doraden) und Miesmuscheln.
Wer sich von der Qualität überzeugen möchte, bucht am besten eine geführte Bootstour samt Verkostung – ein spannendes und kuliarisches Erlebnis. Denn gerade vor Ort fällt es einem wie Schuppen von den Augen, dass hier Gutes entsteht.

Irena Fonda

Ribič

FISCHRESTAURANT AM MEER

A Seča 143
6320 Portorož
T (+386 5) 67 70 790

Bodenständiges, großes Fischrestaurant mit schöner Meeresterrasse und schattigen Bäumen. Nördlich der Salinen von Sečovlje, direkt neben der Fischzucht Fonda. Klassische mediterrane Küche.

Gramona

BIO-OLIVENÖL

A Seča 179a
6320 Portorož
T (+386 40) 23 55 95
W www.gramonafarm.com

Liebevoll geführter Familienbetrieb mit herrlichem Blick auf die Salinen von Sečovlje. Besichtigung des Olivenhains, Verkostung der Öle, Shop. Bio-Qualität.

So geht Frische: ökologisch gezüchteter Wolfsbarsch

Mama Marička

NEU ERFUNDEN

A Parecag 159b
6333 Sečovlje
T (+386 40) 88 84 34

Alles neu. Kein Teller blieb auf dem anderen. Darko Klemen, MasterChef 2016, machte sein eigenes Ding und hauchte dem in die Jahre gekommenen Lokal „Pri Marička" neues Leben ein. Das Ergebnis: eine grandiose moderne Gostilna. Sie heißt jetzt „Mama Marička" und wurde in kürzester Zeit zum Liebkind der Kulinarikszene. Direkt an der Hauptstraße auf Höhe der Salinen gelegen, ist sie vor dem Flughafen an der Grenze zu Kroatien nicht zu übersehen.
Das Lokal punktet mit seiner unkomplizierten Bistroatmosphäre. Man sitzt unter trendiger Beleuchtung zwischen Steinwänden und schönem Holz, zwischen Weinflaschen und Kreidetafeln, zwischen Panoramafenstern und dem offenen Kamin. Draußen lockt die Terrasse mit weißen Segeln und Weinstöcken, die bald für natürlichen Schatten sorgen.
Darko ist ein extravertierter und cooler Typ. Wenn es um seine Küche geht, wissen wir, dass hinter all seiner Lässigkeit beinharte Arbeit, perfektionistisches Denken und viel Talent stecken. Beachtlich an seinen traditionellen slowenischen und istrischen Speisen ist deren zeitgemäße, ansprechende Umsetzung. Er schafft es, dass irdene, ja fast archaisch anmutende Gerichte als wahre Zierde auf die Teller kommen. Versuchen Sie einmal einen braunen Eintopf mit Bohnen wie Bobiči attraktiv in Szene zu setzen. Darko schafft das. Da kommen Ritschert (eine Art Rollgerstenrisotto), gefüllte Paprika, Krautrouladen und Szegediner Gulasch mit einem tollen Drive daher. Und das Beste: Alles schmeckt fantastisch! Wie gut Darko die mediterrane Küche beherrscht, zeigen die Vorspeisenteller: Meeresgetier und Fisch in Bestform.
Der Spitzenkoch stammt ursprünglich aus der Untersteiermark, und das merkt man auf der Speisekarte: Es gibt Backhendl mit Erbsenreis, Rindsuppe mit Fleischstrudel, Kürbissuppe und Kaiserschmarrn. Auf der offenen Feuerstelle vor dem Lokal füllt Darko meist nicht nur eine Čripnja, sondern gleich drei. Hand aufs Herz: Da freuen wir uns doch glatt auf lange Wartezeiten an der Grenze – wenn wir sie hier verbringen können.

Darko Klemen in seinem Mama Marička

Na Burji

HAUSMANNSKOST DE LUXE

A Nova Vas 57
6333 Sečovlje
T (+386 41) 28 40 30
W www.naburji.si

Edle Zutaten, bodenständige Umsetzung. In diesem gediegenen Gasthaus im Hinterland kommen Scampi, Hummer, Trüffeln, Rindscarpaccio und Florentiner Steaks auf den Tisch. Allerdings nicht mit Chichi, sondern in traditioneller Form. Was die Gäste hier lieben: das hausgemachte Brot, die ausgezeichnete Pasta sowie Metkas feine Mehlspeisen. Istrisches Feiertagsgebäck, Kuchen, Strudel und Motivtorten. Köstlich: gegrillte Feigen mit Vanilleeis und Olivenöl. Das Ambiente in diesem sehr sympathischen Familienbetrieb ist urig und besteht aus einem bunten Sammelsurium an Häkelvorhängen, Büchern, Bildern, Fotos, Radiogeräten, Dreschflegel und gusseisernen Kesseln. Das Feuer im Ofen geht nie aus. Charmanter Gastgarten. 20 Minuten von Portorož entfernt.

*Wein

Kmetija Mahnič

WEINKÖNIGIN

A Dragonja 111
6333 Sečovlje
T (+386 41) 64 28 51
W www.kmetija-mahnic.com

Die sympathische Ingrid Mahnič ist Botschafterin der istrischen Weinkultur. Auf 15 Hektar baut die Powerlady unweit der kroatischen Grenze im Dragonjatal autochthone Rebsorten wie Malvasia, Refošk, Muskat und Borgonja an. Gemütliche Bauernhof-Konoba.

*Wein

Pucer z Vrha

DIE SONNE IM GLAS

A Nova Vas 60a
6333 Sečovlje
T (+386 41) 65 16 17

Qualitätsweingut bei Nova Vas. Auf Malvasia spezialisiert. Auch Olivenöl.

Ingrid Mahnič

Na Burji

Für

Seppi, meinen persönlichen „Veli Jože"
und Lebensmenschen.

Julius, den Jungen mit dem Herzen aus Gold, der immer als Erster gepackt hat, wenn es Richtung Süden geht.

Theo, der mir zeigt, was wirklich wichtig ist. Und der in meinem Büro für eine Auszeit sorgt.

Dank

Als Autorin verbarrikadiere ich mich stunden-, wochen-, ja monatelang alleine in meinem Büro im Nordtrakt unseres Hauses – und wehe, es stört mich jemand! Dabei bin ich Teil eines großartigen Teams: in meiner Familie, in unserem Restaurant „Trippolt Zum Bären", im Styria Verlag. Ich gehe meinen Weg nicht alleine.

An erster Stelle bedanke ich mich bei meinem Mann und meinen beiden Söhnen, die sich so schön mit mir freuen und mit mir ärgern, wenn etwas nicht klappt. Sie sind immer an meiner Seite.
Einen lieben Dank an meine Eltern und Geschwister sowie an Margit und Margret für den seelischen Rückhalt. Auf das Urteil von Erstleserin Karin lege ich besonderen Wert. Schließlich ist sie meine große Schwester und lacht tatsächlich an der richtigen Stelle.

Mein herzlichster Dank geht an alle im Styria Verlag, die dafür sorgen, dass meine Bücher ihren Weg in die Hände der Leserinnen und Leser finden. Allen voran Projektleiterin Elisabeth Blasch und Lektorin Lucia Marjanović. Ihr seid großartig und wahre Diplomatinnen. Stefanie Muther ein Dankeschön für das grafische „Tetris"-Spielen, Clara Rothe für das akribische Kontrollieren der Adressen, Maria Schuster für die Herstellungsleitung. Eine tolle Zusammenarbeit.

Sonja, Sergio, Vilma, Mauro, Luka, Mateo, Daniel, Irena, Špela, Gorazd, Daniela, Marko, Claudio, Rino, Tinka, Ingrid, Tamara, Matko, Nicoletta, Emanuela, Pamela, Paolo, Milan, Dragan, Antonella, Robert, Nikola, Karin, David, Fabrizio, Fabiana, Andrea, Aleksander, Lenka ... meine lieben Freundinnen und Kollegen in Istrien. Ich kann leider nicht alle nennen. Ohne euer kulinarisches Engagement würde es dieses Buch gar nicht geben.

Danke auch dem gesamten Art-Redaktionsteam in Salzburg für das schöne Miteinander. Ihr seid großartig!

Liebe Leserinnen und Leser, Sie begleiten mich nun seit über zwei Jahrzehnten. Ihnen gebührt ein demütiger Dank aus tiefstem Herzen. Denn Sie sind der Grund, warum ich das überhaupt mache. Danke, dass Sie meine Bücher kaufen, dass Sie mir liebe Nachrichten per E-Mail, Social Media und sogar Postkarten schicken und dass Sie so nette Rezensionen schreiben. Sie sind meine allergrößte Motivation.

Cover: o. iStock/Getty Images Plus/FreshSplash, u. iStock/Getty Images/lechatnoir. *Klappe vorne:* o. iStock/Getty Images Plus/suc, u. li. iStock/Getty Images Plus/balwan, u. re. Adobe Stock/Berthold. *Klappe (Autorin) & Umschlag hinten:* Silvia Trippolt.

Buchkern: 3 Hrast/Ana Knežević. 4 ST *(= Silvia Trippolt)*, Navis, Ipša. 5 ST. 6 Theo Trippolt. 7 Ariston/Frank Heuer. 9 ST. 10/11 Adobe Stock/F8 Slava UKRAINI. 13 Adobe Stock/Mny-jhee. 14 La Grisa. 15 Meneghetti, ST (2). 16 ST. 17 ST, Štefanija. 18 San Rocco/Dean Dubokovič (2). 19 Astarea/Günter Standl/Art Redaktionsteam, Cattunar, Buršić. 20 Morgan, Primizia/San Rocco. 21 Malo Selo. 22 Clai, La Parenzana. 23 San Servolo. 24 Vrh. 25 ST. 26 Aura (2), Old River/Dejan Hren. 27 Piquentum, ST. 28 Pietro&Pietro/Dejan Hren. 29 Karlić, Prodan. 31 Pietro&Pietro/Natura Tartufi. 32 Belaj, 2nd Peron. 33 (2), 34, 35 (3) ST. 36 Balija, ST. 37 Bare, More (2). 38 ST, Fratellini. 39 Dešković. 40, 41 (2), 42 ST. 43 Vodnjanka/Celija. 44 Tikel, Marina Marinski. 45 Kukuriku/Dean Dubokovič (2). 46 Count's Drinks. 47 ST. 48 Da Rocco. 49 Stara Staze (2), Kumparička/Blaha (2). 50 Peteani (2). 51 ST (2). 52 Negri Olive, Terra/Rajan Milosević. 53 Ipša/Günter Standl/Art Redaktionsteam, Zigante. 54 Ganeum. 55 (2), 57 ST. 58 Rino/Prelac. 59 ST. 61 Kabola (2), ST. 62 Johnson/Johannes Kernmayer. 63 ST. 64 Zijavica (2).65 Zijavica, Blaha/Art Redaktionsteam. 66 Roxanich/Günter Standl (2). 67 Benvenuti (2). 68 Günther Standl/Art-Redaktionsteam. 69 ST. 70 Günther Standl/Art-Redaktionsteam (Čok), ST. 71 Günther Standl/Art-Redaktionsteam. 72 Blaha/Art-Redaktionsteam. 73 ST (2). 75 Hrast/Ana Knežević. 76 Kovačići (2). 77 Navis, Johannes Kernmayer/Siniša Gulić. 78 Frank Heuer (2). 79 Frank Heuer. 80 ST. 81 Bevanda, Gastro World. 82 Wagner, Blaha/Art-Redaktionsteam. 83 Ariston (2). 84 Ipša, Konoba Oprtalj/Lorena Paliska. 85 ST. 86 Ograde (2). 87 Ograde, Adobe Stock/Dario. 88 Casa di Matiki. 89 TV Zentralistrien. 90 Konoba Daniela. 91 Arman Grill. 92 Bura Brew. 93 Manzioli/Poletti, Hrast/Ana Knežević. 94 La Pentola (2). 95 Spinnaker (2), ST. 96 ST, Tunaholic Fish Bar/Ana Knežević. 97 Damjanić. 98 Vodnjanka. 99 Amfiteater, Boca Bar. 100 TV Pula. 101 Olei Histrae. 102 ST. 103 Frank Heuer. 104 Batelina/David Skoko. 105 Olea BB, Istrien Tourismus. 106 Agli Amici/Maistra. 107 Monte/Dean Dubokovič (2). 108 Barba Danilo, Adriatic/Maistra. 109 Cap Aureo/Maistra. 110 Giannino/Frank Heuer, Istrien Tourismus. 111 Kantinon/Maistra, Mediterraneo. 112 ST (2). 113 Valentino. 114 Villa Dobrovac, Maistra. 115 ST. 116 Pergola. 117 Pergola (2). 118 Bodulka. 119 Trapan, Matošević (2). 120 Jelenić, In Sylvis. 121 ST, Kampanjola. 122 TV Istrien. 123 Jelenić. 124, 125 ST. 126 Forto. 127 ST. 128 Badi (2).129, 130 ST. 131 Coronica (2). 132 Neuhuber/Art-Redaktionsteam, Zubin. 133 Peršurić, Radovan. 134 Jadruhi. 135 Arman/Blaha. 136 Vodnjanka/Celija (2). 137 Medea. 138 Brist/Maja Danica Pecanic, Cadenela. 139 Chiavalon, Oleum Maris. 141 ST. 142 Petra/Frank Heuer (2). 143 L'Angelique/Frank Heuer, Trošt. 144, 145 ST. 146 Latus, Ulika. 147 ST. 148 Blaha/Art Redaktionsteam. 149 ST. 150/151 Adobe Stock/mRGB. 152 Adobe Stock/Mike Mareen. 154 Gordia (2). 155 Marina (2). 156 Fina Isolana. 157 Fina Isolana, ST. 158 Kamin/Belvedere (2). 159 Ronkaldo. 160 Zaro/Manzioli. 161 ST. 162 Hiša Torkla (2). 163 Korte, Korenika & Moškon. 165 ST. 166 Capra/Grand Koper. 167 Butul/Jaka Ivančič, Barba Sol. 168 Kavarna Triglav, Kogo, Limoni. 169 Zdenko. 170 Brić, Klenart. 171 Rodica, Rojac. 172 Santomas, Vinska Fontana. 173 Vinakoper. 174 Jenko, Liskjak. 175 Morgan, ST. 176 La Bottega dei Sapori/Anze Krze (2). 177 La Bottega dei Sapori/Anze Krze, Olimje. 178 Stara Gostilna. 179 Stara Gostilna, Hotel Piran. 180 Caffe Teater. 181 ST. 182 COB. 183 Cacao, COB. 184 Rizibizi, Kavarna Mignon. 186 ST. 187 Fonda Fisch. 188 Mama Marička (2). 189 Mahnič, Na Burji.

Karten: Stefanie Muther/Extraplan. Ziege: iStock/Getty Images Plus/NatBasil.

Impressum

Haben Sie Appetit auf Istrien bekommen?
Dann freuen wir uns über Ihre Weiterempfehlung. Erzählen Sie von diesem Buch im Freundeskreis, berichten Sie Ihrem Buchhändler oder bewerten Sie es beim Onlinekauf.

Wünschen Sie weitere Informationen? Möchten Sie mit unserer Autorin in Kontakt treten? Wir freuen uns auf Austausch und Anregung unter leserstimme@styriabooks.at

Inspiration, Geschenkideen und gute Geschichten finden Sie auf www.styriabooks.at

STYRIA
BUCHVERLAGE

ISBN 978-3-222-13678-8

Bücher aus der Verlagsgruppe Styria gibt es in jeder Buchhandlung und im Online-Shop www.styriabooks.at

Reihendesign: Raphael Drechsel/Great Design
Buch- & Covergestaltung: Stefanie Muther/extraplan.at
Lektorat: Lucia Marjanović
Redaktionelle Mitarbeit: Clara Rothe
Projektleitung: Elisabeth Blasch
Herstellungsleitung: Maria Schuster

Druck und Bindung: Finidr
7 6 5 4 3 2 1
Printed in the EU

DIE WELT STEHT NICHT STILL – EIN HINWEIS

Alle Kontaktdaten wurden sorgfältig überprüft (Stand Februar 2022). Autorin und Verlag können für das Unterwegs-Sein mit diesem Buch keine Haftung übernehmen.
Sollten Sie aktuelle Hinweise für uns haben oder Ihr Lieblingslokal schmerzlich vermissen, freuen wir uns über eine kurze Information.